Krypto-Mania

Werden Sie ein Experte auf e Faszinierende Welt der Kryptowährungen erklärt

Inhaltsverzeichnis

Einführung

Definition und Geschichte von Kryptowährungen

Kryptowährungen, auch als virtuelles Geld bekannt, sind digitale Werteinheiten, die Kryptographie zur Sicherung und Überprüfung von Transaktionen sowie zur Kontrolle der Neuschöpfung neuer Einheiten verwenden. Kryptowährung ist ein relativ neues Konzept, das erstmals 2009 mit der Einführung von Bitcoin aufgetaucht ist.

Die Entstehung von Bitcoin wurde durch die Blockchain-Technologie ermöglicht. Die Blockchain ist eine verteilte Technologie, die Informationen transparent, sicher und ohne Notwendigkeit eines vertrauenswürdigen Dritten speichern kann. Sie nutzt ein dezentralisiertes Netzwerk von Knotenpunkten, um Transaktionen zu überprüfen und zu validieren, was das System betrügungssicher und manipulationssicher macht.

Der Schöpfer von Bitcoin, der unter dem Pseudonym Satoshi Nakamoto agiert, entwickelte diese Kryptowährung, um ein bestimmtes Problem zu lösen: das Problem der doppelten Ausgaben. Vor der Einführung von Bitcoin war es nämlich sehr schwierig, sicherzustellen, dass eine digitale Werteinheit nicht zweimal ausgegeben wird. Bei Bitcoin werden Transaktionen von den Minern der Blockchain überprüft, die ihre Rechenleistung einsetzen, um komplexe mathematische Probleme zu lösen und Transaktionen zu validieren. Als Belohnung für ihre Arbeit erhalten die Miner eine gewisse Menge an Bitcoin.

Seit der Einführung von Bitcoin sind viele andere Kryptowährungen entstanden. Ethereum ist beispielsweise eine weitere bedeutende Kryptowährung, die eine Smart Contract-Technologie verwendet, um die Ausführung automatisierter Verträge zu ermöglichen. Altcoins, das sind alle Kryptowährungen außer Bitcoin, bieten eine Vielzahl von Funktionen und Merkmalen.

Kryptowährungen werden oft als digitales Gold bezeichnet, aufgrund ihrer Knappheit und ihres unregulierten Charakters. Sie gelten auch als potenziell profitables Investment, da ihr Wert schnell steigen kann. Es gibt jedoch auch erhebliche Risiken, wie Preisvolatilität und die Möglichkeit von Betrug.

Insgesamt sind Kryptowährungen ein relativ neues und komplexes Phänomen, das sich weiterhin schnell entwickelt. Sie bieten jedoch auch viele aufregende Möglichkeiten für diejenigen, die mehr über diese sich ständig verändernde Technologie erfahren möchten.

Die Grundlagen der Blockchain-Technologie

Bevor wir in die komplexe Welt der Blockchain eintauchen, ist es wichtig, die Grundlagen dieser revolutionären Technologie zu verstehen. Die Blockchain ist ein dezentrales und sicheres digitales Register, das Daten transparent und unveränderlich speichern und teilen kann. Sie besteht aus Datenblöcken, die miteinander verbunden sind und so eine Kette von Blöcken bilden.

Die Blockchain basiert auf der Kryptographie, einer

Verschlüsselungstechnik, die Daten durch Unlesbarkeit vor unbefugtem Zugriff schützt. Jeder Datenblock wird mit einer eindeutigen digitalen Signatur, dem «Hash», versiegelt, der die Integrität und Authentizität des Blocks gewährleistet. Diese digitale Signatur wird aus den Daten des vorherigen Blocks erstellt, was sicherstellt, dass jeder Block mit seinem Vorgänger verknüpft ist.

Dezentralisierung ist ein weiteres wichtiges Element der Blockchain. Im Gegensatz zu zentralisierten Systemen, bei denen Daten auf Servern einer Firma oder Organisation gespeichert sind, verteilt sich die Blockchain auf eine große Anzahl von Knotenpunkten oder Computern, die am Netzwerkmanagement teilnehmen. Jeder Knotenpunkt besitzt eine vollständige Kopie der Blockchain, was gewährleistet, dass alle Transaktionen von vielen Teilnehmern überprüft und validiert werden.

Transparenz ist ebenfalls ein grundlegendes Prinzip der Blockchain. Alle Transaktionen werden in der Blockchain erfasst und sind für alle Netzwerkbenutzer einsehbar. Dies ermöglicht eine vollständige Rückverfolgbarkeit und Transparenz der Transaktionen, was in vielen Anwendungen, wie der Supply-Chain-Verwaltung oder der Betrugsbekämpfung, nützlich sein kann.

Die Blockchain hat viele potenzielle Anwendungen in verschiedenen Branchen wie Finanzen, Gesundheitswesen, Immobilien und Energie. Sie kann zur Schaffung dezentraler Zahlungssysteme, digitaler Grundbücher oder sicherer gemeinsamer medizinischer Aufzeichnungen verwendet werden. Die Blockchain kann auch für die Erstellung

von dezentralen Anwendungen (dApps) und Smart
Contracts verwendet werden, die selbstausführende
Computerprogramme sind und komplexe Prozesse
automatisieren können.

Ziele und Vorteile von Kryptowährungen

Kryptowährungen wurden mit einem klaren Ziel geschaffen:
eine Alternative zu traditionellen, zentralisierten Währungen
zu bieten, die von Zentralbanken kontrolliert werden. In der
Tat war die Einführung der ersten Kryptowährung, Bitcoin,
im Jahr 2009 durch den Wunsch motiviert, eine dezentrale,
sichere und transparente digitale Währung zu schaffen,
die Vertrauens- und Gerechtigkeitsprobleme im Online-
Wirtschaftsverkehr lösen kann. Seitdem sind viele andere
Kryptowährungen entstanden, jede mit ihren spezifischen
Zielen und Vorteilen.

Einer der Hauptvorteile von Kryptowährungen ist ihre
Dezentralisierung. Im Gegensatz zu traditionellen Währungen,
die von Regierungen und Finanzinstitutionen kontrolliert
werden, basieren Kryptowährungen auf einer dezentralen
Ledger-Technologie namens Blockchain, die Transaktionen
dezentral speichert und überprüft. Dies bedeutet, dass
Transaktionen sicher sind und niemand sie manipulieren
oder zensieren kann.

Ein weiterer Vorteil von Kryptowährungen ist ihre Transparenz.
Alle Transaktionen, die auf einer Blockchain durchgeführt
werden, sind öffentlich sichtbar und unveränderlich. Dies
hilft, Betrug und Korruption zu bekämpfen und das Vertrauen

zwischen den Parteien zu stärken.

Kryptowährungen bieten auch Vorteile in Bezug auf Kosten und Transaktionszeit. Transaktionen mit Kryptowährungen sind oft günstiger und schneller als herkömmliche Transaktionen, insbesondere bei internationalen Transfers. Dies kann besonders vorteilhaft für Menschen sein, die keinen Zugang zu traditionellen Bankdienstleistungen haben.

Schließlich können Kryptowährungen in Bezug auf Datenschutz Vorteile bieten. Obwohl alle Transaktionen öffentlich sind, können die Benutzer bei Bedarf anonym bleiben, was in Ländern mit eingeschränktem Datenschutz besonders wichtig sein kann.

Zusammenfassend bieten Kryptowährungen eine spannende und innovative Alternative zu traditionellen Währungen. Sie sind dezentralisiert, transparent, schnell, kostengünstig und bieten ein hohes Maß an Privatsphäre. Obwohl Kryptowährungen Herausforderungen mit sich bringen, haben sie das Potenzial, den Online-Handel zu revolutionieren und finanzielle Inklusion auf globaler Ebene zu fördern.

Die Ursprünge und Entwicklung von Kryptowährungen

Der historische und wirtschaftliche Kontext

Kryptowährungen sind ein vergleichsweise neues Konzept, das in den letzten Jahrzehnten entstanden ist. Um ihre aktuelle Bedeutung zu verstehen, ist es entscheidend, den historischen und wirtschaftlichen Kontext zu begreifen, der zu ihrer Entstehung geführt hat.

Kryptowährungen wurden als Antwort auf die Herausforderungen geschaffen, die mit der Verwendung herkömmlicher Währungen einhergehen. Herkömmliche Währungen sind oft anfällig für Abwertung, Inflation sowie politische, wirtschaftliche und finanzielle Manipulation. Kryptowährungen hingegen sind dezentralisiert, widerstandsfähig und sicher durch die Blockchain-Technologie gestaltet.

Die erste Kryptowährung, Bitcoin, wurde 2009 als Reaktion auf die weltweite Finanzkrise von 2008 entwickelt. Diese Krise beleuchtete die Schwachstellen des traditionellen Finanzsystems und führte zu einem Vertrauensverlust der Bürger in Banken und Finanzinstitutionen. Bitcoin wurde als dezentrale Alternative zum herkömmlichen Finanzsystem konzipiert.

Die Blockchain-Technologie, die den Kryptowährungen zugrunde liegt, wurde jedoch bereits vor der Entstehung von Bitcoin entwickelt. Das Konzept der Blockchain wurde erstmals 1991 von Stuart Haber und W. Scott Stornetta vorgestellt, die ein Blockketten-System zur Bekämpfung von Fälschungen digitaler Dokumente vorschlugen.

Die Weiterentwicklung der Blockchain-Technologie wurde durch die Entstehung von alternativen Kryptowährungen, genannt Altcoins, ab 2011 vorangetrieben. Altcoins ermöglichten Experimente mit verschiedenen Konsensmechanismen, Protokollen und Blockchain-Architekturen, was zu einer größeren Vielfalt im Kryptowährungsökosystem führte.

Im Laufe der Jahre erlangten Kryptowährungen Popularität und erregten die Aufmerksamkeit verschiedener Akteure, darunter Investoren, Regulatoren und Unternehmen. Die potenziellen Vorteile von Kryptowährungen wie Transparenz, Sicherheit und Widerstandsfähigkeit führten zu ihrer Akzeptanz in Bereichen wie Finanzen, E-Commerce und der Spieleindustrie.

Allerdings waren Kryptowährungen auch mit Problemen wie Volatilität, Spekulation, Finanzkriminalität und Umweltauswirkungen verbunden. Regulatoren und politische Entscheidungsträger versuchten, ein Gleichgewicht zwischen Innovation und Verbraucherschutz zu finden, um systemische Risiken zu vermeiden.

Letztendlich sind die Geschichte und der wirtschaftliche Kontext von Kryptowährungen komplex und ständig im Wandel. Es ist wichtig, die Kräfte zu verstehen, die zu ihrer Entstehung und Akzeptanz geführt haben, sowie die

Herausforderungen, mit denen sie heute und in der Zukunft konfrontiert sind.

Von Bitcoin zu Altcoins: Vielfalt und Innovation

Die Einführung von Bitcoin im Jahr 2009 läutete eine neue Ära im Finanzbereich ein. Bitcoin war die erste erstellte Kryptowährung und wurde entwickelt, um die Grenzen von Fiatwährungen wie Inflation und Abwertung zu überwinden. Diese Innovation ebnete jedoch auch den Weg für zahlreiche alternative Kryptowährungen oder Altcoins, die in den letzten Jahren entstanden sind.

Diese Altcoins wurden geschaffen, um spezifische Probleme wie Skalierbarkeit, Privatsphäre oder flexible Smart Contracts zu lösen. Jeder von ihnen verwendet eine andere Technologie, einen Konsensmechanismus und hat eine spezifische Münzausgabe und -verteilung.

Ethereum ist beispielsweise eine Blockchain-Plattform, die die Ausführung von Smart Contracts ermöglicht. Diese Funktion ermöglicht es Entwicklern, dezentrale Anwendungen (dApps) und Tokens für ihre Projekte zu erstellen.

Es gibt auch Ripple, eine dezentralisierte Zahlungsplattform, die schnelle und kostengünstige Transaktionen ermöglicht, insbesondere für grenzüberschreitende Zahlungen.

Monero ist eine weitere beliebte Kryptowährung, die den Schwerpunkt auf Privatsphäre legt. Ihre Blockchain verwendet eine Transaktions- und Datenspeichermethode, die Transaktionen unverfolgbar macht.

Litecoin ist ein weiterer Altcoin, der auf dem Bitcoin-Quellcode basiert, jedoch Verbesserungen zur Steigerung der Skalierbarkeit und Geschwindigkeit von Transaktionen enthält.

Schließlich gibt es Stablecoins, die Kryptowährungen sind, die an eine Fiatwährung wie den US-Dollar oder den Euro gebunden sind, um die Volatilität ihres Preises zu reduzieren.

Die Vielfalt und Innovation der Altcoins sind erstaunlich und nehmen ständig zu. Es ist jedoch wichtig zu beachten, dass die meisten Altcoins nicht so solide wie Bitcoin sind und tendenziell volatiler in Bezug auf den Preis sind.

Die Meilensteine in der Geschichte der Kryptowährungen

Die Geschichte der Kryptowährungen ist relativ kurz, aber sie hat bereits wichtige Meilensteine erlebt, die die Entwicklung dieses faszinierenden Bereichs geprägt haben.

Der erste Meilenstein in der Geschichte der Kryptowährungen ist zweifellos die Schaffung von Bitcoin durch Satoshi Nakamoto im Jahr 2008. Nakamoto veröffentlichte ein Whitepaper, das die Funktionsweise von Bitcoin beschreibt, und schuf damit das erste vollständig dezentralisierte Zahlungssystem auf Basis der Blockchain-Technologie. Bitcoin erlebte ein exponentielles Wachstum und wurde von zahlreichen Nutzern weltweit akzeptiert.

2011 brachte die Schaffung von Litecoin Diversität auf den Kryptowährungsmarkt. Diese neue Kryptowährung basierte auf einem anderen Mining-Algorithmus als Bitcoin und ermöglichte schnellere Transaktionen. Diese Entwicklung führte dazu, dass andere Entwickler neue Wege für die Schaffung von Kryptowährungen erkundeten.

2013 wurde Ripple als globales Zahlungssystem geschaffen, das schnelle und kostengünstige Transaktionen zwischen Banken ermöglichte. Ripple verwendete einen anderen Konsensmechanismus als Bitcoin, der von Finanzunternehmen schnell übernommen wurde.

2014 eröffnete die Schaffung von Ethereum den Weg für die Erstellung von Smart Contracts, die die Entwicklung dezentraler Anwendungen (dApps) und dezentraler Finanzprojekte (DeFi) ermöglichten. Ethereum wurde zur bevorzugten Plattform für die Schaffung von Tokens und innovativen Projekten im Bereich Kryptowährungen.

2017 markierte das Platzen der Spekulationsblase eine Wende in der Geschichte der Kryptowährungen. Diese Zeit der Spekulation wurde von einer Korrekturphase gefolgt, in der sich der Kryptowährungsmarkt angepasst und stabilisiert hat.

Schließlich hat die zunehmende Akzeptanz von Kryptowährungen durch institutionelle Investoren und große Unternehmen im Jahr 2021 die Legitimität dieses Bereichs

gestärkt. Kryptowährungen sind zu einer akzeptierten
Zahlungsmethode bei einer wachsenden Zahl von Händlern
geworden und Regierungen beginnen, die Auswirkungen
dieser Technologie auf die Geldpolitik zu untersuchen.

Die verschiedenen Kryptowährungen

Bitcoin: Die erste Kryptowährung

Bitcoin ist die erste und bekannteste Kryptowährung. Sie wurde 2009 von einer Person (oder Gruppe) namens Satoshi Nakamoto begründet. Das ursprüngliche Ziel von Bitcoin war es, eine dezentrale digitale Währung zu schaffen, die es den Nutzern ermöglicht, Transaktionen ohne einen vertrauenswürdigen Vermittler wie eine Bank durchzuführen.

Bitcoin funktioniert auf einem dezentralen Netzwerk und verwendet die Blockchain-Technologie, um Transaktionen aufzuzeichnen. Die Blockchain ist ein öffentliches, verteiltes und fälschungssicheres Register, das Transaktionen sicher und transparent protokolliert.

Ein Vorteil von Bitcoin ist seine Dezentralisierung, was bedeutet, dass es nicht von einer Regierung oder Zentralbank kontrolliert wird. Stattdessen wird es von Netzwerkknoten, individualisierter Computer, die mit der Blockchain verbunden sind, verwaltet.

Bitcoin ist auch in seiner Menge begrenzt, mit einem maximalen Angebot von 21 Millionen Bitcoins. Diese Begrenzung soll sicherstellen, dass Bitcoin nicht von Inflation betroffen ist.

Im Laufe der Jahre wurde Bitcoin immer beliebter und wird

von immer mehr Geschäften als Zahlungsmittel akzeptiert. Es ist auch eine beliebte Investitionsmöglichkeit geworden, mit spezialisierten Börsen und Brokern, die es Anlegern ermöglichen, Bitcoin zu kaufen und zu verkaufen.

Allerdings hat Bitcoin auch Herausforderungen wie Preisschwankungen, Skalierungsprobleme und Umweltbedenken aufgrund des Energieverbrauchs für das Netzwerk.

Letztendlich hat Bitcoin die Art und Weise, wie wir über Geld und Finanzen nachdenken, revolutioniert und den Weg für eine neue Generation von Kryptowährungen und dezentralen Technologien geebnet.

Ethereum und smarte Verträge

Ethereum ist eine öffentliche Open-Source-Blockchain-Plattform, die 2015 von Vitalik Buterin, einem kanadischen Entwickler, ins Leben gerufen wurde. Ethereum ist die zweitwichtigste Kryptowährung nach Marktkapitalisierung, nach Bitcoin.

Eine der Hauptunterscheidungen von Ethereum zu anderen Kryptowährungen ist die Unterstützung von «smarten Verträgen». Smarte Verträge sind Computerprogramme, die automatisch basierend auf den in ihrem Code festgelegten Bedingungen ausgeführt werden. Sie sind entwickelt worden, um Prozesse zu automatisieren, die traditionell manuell durchgeführt werden, was Kosten und Zeit sparen kann.

Smarte Verträge werden auf der Ethereum-Blockchain ausgeführt und sind dadurch unveränderlich, transparent und gegen Zensur geschützt. Das bedeutet, dass smarte Verträge in verschiedenen Bereichen eingesetzt werden können, einschließlich Finanzen, Immobilien, Gesundheit, Energie, Landwirtschaft und vielem mehr.

Ethereum ist auch bekannt dafür, dass es eine flexiblere Plattform als Bitcoin ist, da es verschiedene Arten von smarten Verträgen und Tokens unterstützt. Ethereum hat seine eigene digitale Währung namens Ether (ETH), die zur Bezahlung von Transaktionsgebühren auf der Plattform verwendet wird.

Smarte Verträge in Ethereum werden in einer Programmiersprache namens Solidity geschrieben. Entwickler können Tools wie die Entwicklungsplattform Truffle nutzen, um die Erstellung und Bereitstellung von smarten Verträgen zu erleichtern.

Smarte Verträge in Ethereum haben auch ein wachsendes Ökosystem von dezentralen Anwendungen (dApps) hervorgebracht. DApps sind Anwendungen, die auf der Ethereum-Blockchain aufgebaut sind und für bestimmte Funktionen smarte Verträge verwenden.

Beispiele für dApps, die auf Ethereum aufgebaut sind, sind dezentrale Finanzplattformen (DeFi) wie Uniswap, blockchainbasierte Spiele wie Axie Infinity, digitale Kunstauktionsplattformen wie OpenSea und viele andere.

Altcoins: Vielfalt und Besonderheiten

Im Bereich der Kryptowährungen bezeichnet der Begriff «Altcoins» alle Kryptowährungen außer Bitcoin. Seit der Gründung von Bitcoin im Jahr 2009 sind Tausende von Altcoins entstanden, von denen jede ihre eigenen Besonderheiten und Merkmale aufweist. Die Vielfalt der Altcoins bietet Anlegern und Nutzern eine Vielzahl von Möglichkeiten, sich in die Welt der Kryptowährungen einzubringen.

Zu den bekanntesten Altcoins gehört Ethereum, das 2015 geschaffen wurde. Ethereum ist eine Open-Source-Plattform, die es ermöglicht, dezentrale Anwendungen (dApps) und smarte Verträge zu entwickeln. Ethereum wird oft als die zweitwichtigste Kryptowährung nach Marktkapitalisierung angesehen.

Ein weiterer beliebter Altcoin ist Litecoin, der 2011 ins Leben gerufen wurde. Litecoin wurde entwickelt, um eine schnellere und leichtere Version von Bitcoin zu sein, mit schnelleren Transaktionsbestätigungszeiten und einer höheren Münzobergrenze.

Ripple ist ein weiterer bedeutender Altcoin, der sich auf Interbankentransaktionen und grenzüberschreitende Geldtransfers konzentriert. Die Kryptowährung wurde entwickelt, um Transaktionen zwischen Banken und anderen Finanzinstitutionen zu erleichtern und eine schnelle und kostengünstige Alternative zu traditionellen Geldtransfers zu bieten.

Es gibt auch Altcoins, die darauf abzielen, stabil zu sein, d.h. sie sind an eine Fiatwährung oder einen Vermögenswert wie Gold oder Öl gebunden. Diese Altcoins werden als «stablecoins» bezeichnet und dienen oft dazu, Investoren vor der Volatilität des Marktes zu schützen.

Es ist wichtig zu beachten, dass nicht alle Altcoins gleich sind und einige aufgrund ihrer geringen Liquidität oder geringen Marktkapitalisierung riskanter sein können als andere. Daher ist es für Anleger wichtig, ihre eigene Recherche durchzuführen und sich über jeden Altcoin zu informieren, bevor sie investieren.

Stablecoins und CBDC

Stablecoins und CBDC (Central Bank Digital Currency) sind zwei Arten von Kryptowährungen, die in den letzten Jahren an Popularität gewonnen haben. Stablecoins sind Kryptowährungen, die darauf ausgelegt sind, einen stabilen Wert im Vergleich zu einer anderen Währung wie dem US-Dollar aufrechtzuerhalten. CBDCs sind von Zentralbanken ausgegebene Kryptowährungen, die dazu bestimmt sind, physisches Bargeld zu ersetzen.

Stablecoins sind eine beliebte Alternative zu volatilen Kryptowährungen wie Bitcoin. Sie sollen weniger volatil sein, indem sie eine feste Parität zu einer Fiatwährung wie dem US-Dollar beibehalten. Stablecoins können für den täglichen Zahlungsverkehr, Investitionen und internationale Geldtransfers verwendet werden.

Stablecoins werden auf verschiedene Arten ausgegeben, aber die meisten nutzen die Blockchain-Technologie zur Speicherung und Verwaltung von Transaktionen. Einige Stablecoins werden durch Fiatwährungsreserven abgesichert, was bedeutet, dass jede Einheit der Kryptowährung durch eine Einheit der entsprechenden Fiatwährung garantiert ist. Andere Stablecoins verwenden Mechanismen zur Kontrolle des Angebots, um ihre Parität aufrechtzuerhalten, z. B. durch die Einziehung oder Schaffung zusätzlicher Token.

CBDCs sind von Zentralbanken ausgegebene Kryptowährungen, um physisches Bargeld zu ersetzen. CBDCs können für den täglichen Zahlungsverkehr und zur Wertspeicherung verwendet werden. CBDCs sind darauf ausgelegt, schneller, effizienter und kostengünstiger als Bargeldzahlungen zu sein. Zentralbanken können CBDCs auch zur Überwachung und Regulierung wirtschaftlicher Aktivitäten nutzen.

CBDCs können auf verschiedene Arten ausgegeben werden. Einige Zentralbanken haben vorgeschlagen, CBDCs vollständig durch Fiatwährungsreserven abzusichern, während andere CBDCs durch Vermögenswerte abgesichert haben. Einige Zentralbanken haben auch hybride CBDCs vorgeschlagen, die Elemente beider Ansätze kombinieren.

Stablecoins und CBDCs haben das Potenzial, traditionelle Finanzsysteme zu stören. Stablecoins bieten eine Alternative zu Fiatwährungen für internationale Zahlungen und den täglichen Zahlungsverkehr. CBDCs bieten eine Alternative zu physischem Bargeld, das teuer und ineffizient sein kann. Ihre Auswirkungen auf traditionelle Finanzsysteme hängen jedoch von ihrer Akzeptanz und Regulierung ab.

Die Grundlagen von Kryptowährungen

Wallets und kryptografische Schlüssel

Wallets, oder auf Französisch Portemonnaies, sind Softwareanwendungen, mit denen Kryptowährungen gespeichert, verwaltet und gesichert werden können. Sie sind in verschiedenen Formen erhältlich: Software, Hardware oder Papier.

Software-Wallets sind Programme, die auf einem Computer, einem Telefon oder einem Tablet installiert werden und es ermöglichen, Kryptowährungen jederzeit zu verwalten. Allerdings sind sie anfällig für Viren und Hacks.

Hardware-Wallets sind physische Geräte, die zur Verwaltung von Kryptowährungen verwendet werden. Sie werden in Form von USB-Sticks oder kleinen elektronischen Geräten angeboten. Sie sind viel sicherer als Software-Wallets, da sie private Schlüssel offline speichern und somit vor Hackern geschützt sind. Allerdings sind sie teurer als Software-Wallets.

Papier-Wallets sind ausgedruckte Blätter, die die privaten Schlüssel für Kryptowährungen enthalten. Sie gelten als die sichersten, da sie von Internet abgekoppelt sind und nicht gehackt werden können. Allerdings sind sie schwieriger zu verwenden als Software- oder Hardware-Wallets.

Kryptografische Schlüssel sind die Codes, die den Zugriff auf

in einem Wallet gespeicherte Kryptowährungen ermöglichen.
Sie bestehen aus einem öffentlichen und einem privaten
Schlüssel. Der öffentliche Schlüssel wird zum Empfangen von
Kryptowährungen verwendet, während der private Schlüssel
zum Senden verwendet wird. Es ist daher sehr wichtig, den
privaten Schlüssel sicher aufzubewahren, da er den Zugriff
auf die im Wallet gespeicherten Fonds ermöglicht.

Zusammenfassend sind Wallets und kryptografische
Schlüssel wesentliche Bestandteile der Sicherheit und
Verwaltung von Kryptowährungen. Es ist entscheidend, das
richtige Wallet abhängig von den eigenen Bedürfnissen und
Umständen auszuwählen und die privaten Schlüssel sicher
aufzubewahren, um Risiken von Hacks oder Diebstählen zu
vermeiden.

Kryptografie: Schlüsselelemente und Anwendung

Kryptografie ist einer der grundlegenden Bausteine
von Kryptowährungen. Dank dieser Disziplin können
Transaktionen gesichert und die Privatsphäre der Benutzer
geschützt werden. Kryptografie kann als die Wissenschaft von
Geheimschlüsseln und sicheren Kommunikationen definiert
werden und wird seit Jahrtausenden verwendet, um sensible
Informationen und Staatsgeheimnisse zu schützen. Aber wie
funktioniert Kryptografie in der Welt der Kryptowährungen?

Die Schlüsselelemente der Kryptografie in Kryptowährungen
sind öffentliche und private Schlüssel. Öffentliche Schlüssel
sind eindeutige Adressen, die zum Empfangen von Zahlungen

verwendet werden, während private Schlüssel Passwörter sind, die zum Signieren von Transaktionen verwendet werden. Private Schlüssel werden in der Regel in sicheren elektronischen Wallets gespeichert, während öffentliche Schlüssel frei mit anderen Benutzern geteilt werden können.

Kryptografie ermöglicht auch die Überprüfung der Integrität von Transaktionen. Transaktionen werden nämlich mit privaten Schlüsseln signiert, was gewährleistet, dass sie vom rechtmäßigen Eigentümer der Mittel durchgeführt wurden. Die Transaktionen werden außerdem mit Hash-Funktionen verschlüsselt, was gewährleistet, dass sie nach dem Versand nicht geändert werden können.

Kryptografie gewährleistet auch die Vertraulichkeit von Transaktionen. Kryptowährungen werden oft mit Vertraulichkeit und Anonymität in Verbindung gebracht, was bedeutet, dass Benutzer Transaktionen durchführen können, ohne ihre Identität preiszugeben. Dazu werden Transaktionen in der Regel mit anderen Transaktionen vermischt, um die Spuren zu verwischen.

Es ist wichtig zu verstehen, dass Kryptografie nicht unfehlbar ist und kompromittiert werden kann, wenn sie unsachgemäß verwendet wird. Zum Beispiel können verlorene oder gestohlene private Schlüssel dazu führen, dass die mit diesen Schlüsseln verbundenen Mittel für immer verloren gehen. Daher ist es wichtig, bewährte Sicherheits- und Speicherpraktiken zu befolgen, um private Schlüssel zu schützen.

Dezentrale Netzwerke und Widerstandsfähigkeit

Dezentrale Netzwerke sind ein Schlüsselmerkmal von Kryptowährungen und der Blockchain-Technologie. Im Gegensatz zu zentralisierten Systemen haben dezentrale Netzwerke keine einzige Kontrollstelle und sind daher weniger anfällig für Angriffe und Ausfälle. Stattdessen werden Transaktionen und Operationen von einer Vielzahl unabhängiger Netzwerkknoten überprüft und validiert, was eine größere Transparenz und Sicherheit gewährleistet.

Auch Widerstandsfähigkeit ist ein Schlüsselelement von dezentralen Netzwerken. Im Falle eines Ausfalls oder Angriffs kann sich das Netzwerk dank seiner verteilten Struktur schnell und effizient neu organisieren. Diese Widerstandsfähigkeit wird durch die Fähigkeit der Netzwerkknoten, sich zu synchronisieren und zusammenzuarbeiten, um die Sicherheit und Gültigkeit von Transaktionen aufrechtzuerhalten, gestärkt. Darüber hinaus ermöglicht die dezentrale Natur der Netzwerke eine größere Beteiligung der Benutzer und eine größere Autonomie bei der Netzwerkverwaltung.

Trotz dieser Vorteile können dezentrale Netzwerke auch Herausforderungen mit sich bringen. Ihre offene und verteilte Natur kann Governance- und Koordinationsprobleme verursachen, was die Entscheidungsfindung oder die Konfliktlösung erschweren kann. Darüber hinaus kann die Anzahl der Netzwerkknoten Auswirkungen auf die Leistungsfähigkeit und Skalierbarkeit des Netzwerks haben, was seine breite Akzeptanz einschränken kann.

Trotz dieser Herausforderungen bleiben dezentrale Netzwerke aufgrund ihres Transformationspotenzials und ihrer Widerstandsfähigkeit gegenüber externen Störungen weiterhin von großem Interesse. Durch die Kombination der Vorteile der Blockchain-Technologie mit einer dezentralen Struktur haben Kryptowährungen das Potenzial, transparentere, sicherere und fairere Finanzsysteme zu schaffen.

Die Geldemission und die Kontrolle von Inflation

Kryptowährungen werden oft als Alternative zu traditionellen Währungen betrachtet. Einer der wichtigsten Unterschiede zwischen den beiden Arten von Währungen liegt in ihrer Methode der Geldemission und der Kontrolle von Inflation.

In traditionellen Währungen haben Zentralbanken die Macht, Geld zu schaffen und je nach Wirtschaftslage in Umlauf zu bringen. Dies geschieht oft durch geldpolitische Maßnahmen, die darauf abzielen, die wirtschaftliche Aktivität zu stimulieren oder die Inflation zu bremsen.

In Kryptowährungen hingegen ist die Emission neuer Gelder in der Regel programmiert und vorhersehbar. Diese Methode wird im Fall von Bitcoin als «Mining» bezeichnet und besteht darin, komplexe mathematische Probleme zu lösen, um Transaktionen zu validieren und neue Blöcke zur Blockchain hinzuzufügen. Als Belohnung für diese Arbeit erhalten die Miner neue Geldeinheiten.

Diese Methode der Gelderschaffung mag für Personen,

die an traditionelle Währungen gewöhnt sind, seltsam erscheinen. Sie bietet jedoch einige Vorteile. Erstens macht sie die Geldemission vorhersehbar und transparent, was dazu beitragen kann, das Vertrauen der Benutzer in die Währung aufrechtzuerhalten. Darüber hinaus verhindert sie, dass Zentralbanken oder Regierungen Geld nach Belieben erschaffen können, was zu einer Abwertung der Währung und zu Inflation führen kann.

Allerdings ist die Mining-Methode nicht ohne Fehler. Erstens ist sie sehr energieintensiv und kann eine erhebliche Umweltbelastung verursachen. Außerdem kann sie zu einer Konzentration der Geldproduktion in den Händen einiger weniger mächtiger Miner führen. Das kann die Kryptowährung weniger dezentralisiert und anfällig für bösartige Angriffe machen.

Schließlich ist zu beachten, dass Kryptowährungen nicht vor Inflation geschützt sind. Obwohl die Geldemission vorhersehbar ist, kann der Wert der Währung je nach Angebot und Nachfrage auf den Märkten schwanken. Darüber hinaus kann die Schaffung neuer Kryptowährungen den Wert der bereits im Umlauf befindlichen Währungen verwässern.

Transaktionen und Gebühren

Einer der wesentlichen Vorteile von Kryptowährungen besteht darin, dass Transaktionen schnell und einfach durchgeführt werden können. Bei Transaktionen werden Einheiten der Kryptowährung vom Absender an den Empfänger über die Blockchain gesendet. Die Transaktionen werden von

Minern überprüft, die für ihre Arbeit mit neuen Einheiten der Kryptowährung belohnt werden.

Die Transaktionen sind jedoch nicht kostenlos. Jede Transaktion muss Gebühren bezahlen, um die Kosten der Überprüfung und Aufzeichnung in der Blockchain zu decken. Die Gebühren werden durch die Größe der Transaktion in Bytes bestimmt und werden mit der Kryptowährung der Transaktion selbst bezahlt. Im Allgemeinen sind größere Transaktionen mit höheren Gebühren verbunden.

Die Kosten für Transaktionsgebühren sind im Vergleich zu den traditionellen Transaktionsgebühren, die mit Banken und anderen Finanzinstituten in Verbindung stehen, oft sehr gering. Es ist jedoch wichtig zu beachten, dass Transaktionsgebühren je nach verwendeter Kryptowährung, Größe der Transaktion und aktueller Nachfrage nach Transaktionen erheblich variieren können.

Transaktionsgebühren können auch von der Geldpolitik der jeweiligen Kryptowährung beeinflusst werden. Bitcoin zum Beispiel hat eine begrenzte Anzahl von Blöcken für Transaktionen zur Verfügung, was bedeutet, dass die Gebühren steigen können, wenn die Nachfrage nach Transaktionen steigt.

Es ist wichtig zu beachten, dass Transaktionsgebühren nicht die einzigen Kosten im Zusammenhang mit Kryptowährungen sind. Benutzer müssen auch die Kosten für den Besitz und die Verwaltung eines Kryptowährungs-Wallets sowie die Kosten für die Umwandlung in Fiat-Währung berücksichtigen, falls erforderlich.

Adressen und elektronische Wallets

Adressen und elektronische Wallets sind wesentliche Bestandteile des Kryptowährungs-Ökosystems. Adressen sind alphanumerische Zeichenketten, die zur Identifizierung des Ursprungs und des Ziels von Transaktionen in der Blockchain verwendet werden. Elektronische Wallets sind Software, mit der Kryptowährungen gespeichert, gesendet und empfangen werden können.

Es gibt verschiedene Arten von Adressen und elektronischen Wallets, von denen jede ihre Vor- und Nachteile hat. Adressen können Bitcoin, Ethereum oder andere Kryptowährungen entsprechen und online oder offline generiert werden. Elektronische Wallets können Hardware Wallets oder Software Wallets sein, wobei es signifikante Unterschiede in Bezug auf Sicherheit und Benutzerfreundlichkeit gibt.

Software Wallets können in zwei Kategorien unterteilt werden: Online Wallets (Hot Wallets) und Offline Wallets (Cold Wallets). Online Wallets sind elektronische Wallets, die über einen Webbrowser oder eine mobile Anwendung zugänglich sind, während Offline Wallets physische Geräte sind, die nicht mit dem Internet verbunden sind.

Hardware Wallets gelten als die sichersten, da sie die privaten Schlüssel offline speichern und zusätzliche Sicherheit gegen Viren und Hacks bieten. Beliebte Hardware Wallets sind Ledger, Trezor und KeepKey. Beliebte Software Wallets sind Exodus, MyEtherWallet und Coinbase.

Es ist wichtig zu beachten, dass elektronische Wallets nicht tatsächlich Kryptowährungen speichern, sondern nur die privaten Schlüssel, die zum Zugriff auf die Fonds in der Blockchain benötigt werden. Daher ist die Sicherheit dieser Schlüssel entscheidend für die Sicherheit der Fonds. Es wird empfohlen, die privaten Schlüssel offline an einem sicheren Ort aufzubewahren und sie mit starken Passwörtern zu schützen.

Die zugrunde liegende Technologie: Die Blockchain

Die Blockchain: Definition, Funktionsweise und Anwendungen

Die Blockchain ist ein Schlüsselkonzept in der Welt der Kryptowährungen und dezentralen Technologien. Sie kann als dezentrales und sicheres digitales Hauptbuch definiert werden, in dem Transaktionen von einem Netzwerk von Teilnehmern anstelle einer zentralen Autorität erfasst und überprüft werden. Dies ermöglicht Transparenz und Unveränderlichkeit der Daten, die für viele Anwendungen essentiell sind.

Die Funktionsweise der Blockchain kann mit einem öffentlichen Register verglichen werden, in dem jede Transaktion in einem Block erfasst wird. Jeder Block wird dann chronologisch und sicher in eine Kette von Blöcken hinzugefügt, indem Kryptographie verwendet wird. Um einen neuen Block zur Kette hinzuzufügen, muss ein Netzwerk von Teilnehmern ein komplexes mathematisches Problem lösen, das als «Konsensmechanismus» bezeichnet wird.

Die Blockchain kann in vielen Bereichen eingesetzt werden, einschließlich dezentraler Finanzen (DeFi), Lieferkettenmanagement, geistigem Eigentum, Smart Contracts und vielem mehr. Transaktionen können schneller, kostengünstiger und sicherer abgewickelt werden als mit herkömmlichen Methoden.

Zum Beispiel können Benutzer im Bereich DeFi Kryptowährungen austauschen, Darlehen aufnehmen und verleihen, während sie die volle Kontrolle über ihre Vermögenswerte behalten. Blockchain-basierte Smart Contracts ermöglichen auch die Einrichtung autonomer und programmierbarer Vereinbarungen zwischen Parteien.

Es ist wichtig zu beachten, dass die Blockchain keine perfekte Lösung ist und auch Herausforderungen mit sich bringt. Skalierbarkeit zum Beispiel ist ein großes Problem, da die Anzahl der pro Sekunde verarbeitbaren Transaktionen begrenzt ist. Darüber hinaus muss die Sicherheit ständig verbessert werden, um Hacks und Betrug zu verhindern.

Die Struktur der Blockchains: Ketten, Bäume und Graphen

Die Struktur der Blockchains ist ein Schlüsselkonzept für das Verständnis der zugrunde liegenden Technologie der Kryptowährungen. Blockchains sind Echtzeit-Datenregister von Transaktionen, die auf dezentralen Netzwerken von Knoten (Computern) gespeichert sind, die Transaktionen überprüfen und validieren. Die Sicherheit und Integrität der Daten in Blockchains wird durch den Einsatz von Kryptographie und Konsensmechanismen gewährleistet.

Es gibt verschiedene Arten von Blockchain-Strukturen, darunter Ketten, Bäume und Graphen. Kettenblockchains sind die einfachste und häufigste Form von Blockchains. Transaktionen werden in Blöcken erfasst, die dann zu einer linearen Kette von Blöcken hinzugefügt werden. Jeder neue

Block ist mit dem vorherigen verbunden, daher der Begriff Blockchain.

Baumblockchains sind ähnlich wie Kettenblockchains, aber mit Verzweigungen. Transaktionen werden in Blöcken erfasst, die dann mit anderen Blöcken zu Zweigen der Blockchain verbunden werden. Baumblockchains werden oft eingesetzt, um Skalierbarkeitsprobleme zu lösen, da sie mehr Transaktionen parallel verarbeiten können.

Graphenblockchains sind die komplexesten, da sie Transaktionen zwischen mehreren Blöcken ermöglichen. Transaktionen werden in Blöcken erfasst, die mit anderen Blöcken verbunden werden können, um ein Netzwerk von verbundenen Blöcken zu bilden. Graphenblockchains werden oft für komplexe DeFi-Anwendungen mit Smart Contracts verwendet.

Die verschiedenen Blockchain-Architekturen

Die Blockchain ist die zugrunde liegende Technologie für alle Kryptowährungen und wurde entwickelt, um dezentral, transparent und sicher zu sein. Es gibt jedoch verschiedene Blockchain-Architekturen, von denen jede ihre eigenen Vor- und Nachteile hat.

Öffentliche Blockchains sind die bekanntesten, da sie für die meisten Kryptowährungen wie Bitcoin und Ethereum verwendet werden. In einer öffentlichen Blockchain sind alle Transaktionen öffentlich und für jeden überprüfbar, was das System transparent und betrugsresistent macht. Miner sind dafür verantwortlich, Transaktionen zu überprüfen und zu genehmigen, wofür sie durch die Schaffung neuer Kryptowährungseinheiten belohnt werden.

Private Blockchains hingegen sind für eine bestimmte Gruppe von Benutzern reserviert und stehen der Öffentlichkeit nicht zugänglich. Sie werden oft für industrielle und finanzielle Anwendungen verwendet, die ein hohes Maß an Sicherheit und Vertraulichkeit erfordern.

Hybride Blockchains kombinieren die Merkmale von öffentlichen und privaten Blockchains, indem sie bestimmten Benutzern ermöglichen, am Transaktionsvalidierungsprozess teilzunehmen, während bestimmte Informationen vertraulich bleiben.

Konsortium-Blockchains sind private Blockchains, die von einer ausgewählten Gruppe von Teilnehmern wie Banken oder Unternehmen kontrolliert werden, die zusammenarbeiten, um Transaktionen zu validieren und die Sicherheit des Systems zu gewährleisten.

Schließlich sind interoperative Blockchains solche, die miteinander kommunizieren können, wodurch Benutzern der Transfer von Vermögenswerten zwischen verschiedenen Blockchains ermöglicht wird, ohne auf Vermittler angewiesen zu sein.

Jede dieser Blockchain-Architekturen hat ihre Vor- und Nachteile. Öffentliche Blockchains bieten hohe Transparenz und maximale Sicherheit, können jedoch langsam sein und viel Energie verbrauchen. Private und hybride Blockchains bieten dagegen mehr Privatsphäre und Kontrolle, können jedoch weniger sicher und betrugsresistent sein.

Letztendlich hängt die Wahl der Blockchain-Architektur von den spezifischen Anforderungen jedes Projekts oder jeder Anwendung ab. Es ist wichtig, die Vor- und Nachteile jeder Blockchain-Architektur zu verstehen, um die beste Wahl für Ihr Projekt zu treffen.

Öffentliche, private, hybride Blockchains und Konsortien

Blockchains sind verteilte Register, mit deren Hilfe Transaktionen ohne eine zentrale Autorität erfasst und gesichert werden können. Diese Blockchains können öffentlich, privat, hybrid oder konsortial sein.

Öffentliche Blockchains wie die von Bitcoin sind für alle zugänglich und transparent. Sie funktionieren mit dezentralisierten Konsensprotokollen wie Proof of Work oder Proof of Stake. Transaktionen werden von Minern überprüft und genehmigt, die für ihre Arbeit mit neuen Kryptowährungseinheiten belohnt werden.

Private Blockchains werden von Organisationen oder Unternehmen für interne Transaktionen genutzt. Sie werden von einer zentralen Behörde kontrolliert, die festlegt, wer Zugriff hat und wer teilnehmen kann. Private Blockchains sind schneller und effizienter als öffentliche Blockchains, aber weniger transparent und weniger dezentralisiert.

Hybride Blockchains kombinieren Elemente aus öffentlichen und privaten Blockchains. Sie ermöglichen eine gewisse Transparenz und gewährleisten gleichzeitig Vertraulichkeit. Hybride Blockchains werden in Fällen eingesetzt, in denen Transparenz für bestimmte Parteien erforderlich ist, während Vertraulichkeit für andere Parteien wichtig ist.

Konsortial-Blockchains sind private Blockchains, die von einer Gruppe von Teilnehmern mit gemeinsamem Interesse genutzt werden. Konsortial-Blockchains werden oft in Branchen wie Finanzen, Logistik und Gesundheitswesen eingesetzt, wo mehrere Akteure zusammenarbeiten müssen, um Transaktionen durchzuführen.

Interoperable Blockchains und Multi-Chain-Systeme

Die Blockchain-Technologie hat die Finanzwelt revolutioniert, indem sie eine dezentralisierte Alternative zu traditionellen Finanzsystemen bietet. Allerdings haben Blockchains oft isoliert voneinander agiert und keine Möglichkeit zur Interaktion geboten. Das führte zu einer Fragmentierung des Marktes und erschwerte den Benutzern den Austausch digitaler Assets zwischen verschiedenen Blockchains. Interoperable Blockchains wurden entwickelt, um dieses Problem zu lösen.

Eine interoperable Blockchain ist eine Blockchain, die mit anderen Blockchains kommunizieren kann, unabhängig von ihrer Architektur. Interoperable Blockchains ermöglichen es den Benutzern, Assets von einer Blockchain auf eine andere zu übertragen, ohne auf zentralisierte Börsen angewiesen zu sein und hohe Gebühren zu zahlen. Interoperable Blockchains ermöglichen es auch, inter-Chain-dezentrale Anwendungen zu entwickeln, bei denen Daten zwischen mehreren Blockchains geteilt werden können, um erweiterte Funktionen im Vergleich zu dezentralen Anwendungen auf einer einzelnen Blockchain anzubieten.

Es gibt mehrere Lösungen für interoperable Blockchains, darunter Cosmos, Polkadot, ICON, Aion, Wanchain und Ark. Diese Lösungen basieren auf standardisierten Kommunikationsprotokollen wie Interledger, die es den Blockchains ermöglichen, miteinander zu kommunizieren. Die interoperablen Lösungen können auf mehreren Ebenen implementiert werden, einschließlich Protokoll-, Anwendungs- und Serviceebene.

Multi-Chain-Systeme sind eine weitere Lösung, um die Interoperabilität zwischen Blockchains zu ermöglichen. Multi-Chain-Systeme sind Netzwerke von Blockchains, die miteinander verbunden sind und nahtlos zusammenarbeiten können. Multi-Chain-Systeme ermöglichen es Benutzern, Assets von einer Blockchain auf eine andere zu übertragen, ohne auf zentrale Börsen angewiesen zu sein und hohe Gebühren zahlen zu müssen.

Beispiele für Multi-Chain-Systeme sind Polkadot und Cosmos. Polkadot verwendet eine Relay-Architektur, um mehrere Blockchains miteinander zu verbinden und eine Kommunikation zwischen ihnen zu ermöglichen. Cosmos verwendet eine Hub- und Zone-Architektur, um eine Kommunikation zwischen den verschiedenen Blockchains zu ermöglichen.

Anwendungs- und Einsatzgebiete

Der Einsatz von Kryptowährungen in verschiedenen Bereichen und Anwendungen ist vielfältig und wächst ständig. Obwohl ihre Akzeptanz in einigen Branchen noch relativ begrenzt ist, verändern Kryptowährungen die Art und Weise, wie wir Finanztransaktionen und den Austausch von Gütern und Dienstleistungen wahrnehmen.

Das offensichtlichste Anwendungsgebiet ist die Zahlungsabwicklung, bei der Kryptowährungen eine digitale Alternative zu traditionellen Zahlungsmethoden wie Kreditkarten und Banküberweisungen bieten. Kryptowährungen ermöglichen schnelle, kostengünstige und sichere Transaktionen weltweit. Plattformen wie BitPay ermöglichen Unternehmen, Zahlungen in Bitcoin, Ethereum, Bitcoin Cash und vielen anderen Kryptowährungen zu akzeptieren.

Kryptowährungen haben auch Anwendungsfälle im Bereich Logistik und Lieferkette gefunden, wo Transparenz und Rückverfolgbarkeit von großer Bedeutung sind. Die Blockchain-Technologie ermöglicht die vollständige Verfolgung von Transaktionen und Bewegungen von Waren vom Hersteller über die Lagerung und Distribution bis hin zur Lieferung. Blockshipping entwickelt zum Beispiel eine Blockchain-basierte Plattform zur Überwachung von Seefrachtcontainern.

Ein weiteres wachsendes Anwendungsgebiet ist das der dezentralen Finanzen (DeFi), die darauf abzielt, ein offenes und für alle zugängliches Finanzsystem ohne Zwischenhändler oder zentrale Institutionen zu schaffen. DeFi-Protokolle ermöglichen es Benutzern, Kryptowährungen zu verleihen, zu leihen, auszutauschen und einzusetzen, ohne auf Banken oder Makler angewiesen zu sein. Beliebte DeFi-Plattformen sind Uniswap, Aave, Compound und MakerDAO.

Kryptowährungen haben auch im Kunst- und Kultursektor, insbesondere mit dem Aufkommen von nicht fungiblen Tokens (NFT), Anwendung gefunden. NFTs sind einzigartige Tokens, die auf der Blockchain erstellt werden und den Besitz digitaler Vermögenswerte wie Kunstwerke, Videos und Spiele repräsentieren. NFTs bieten Content-Erstellern eine neue Möglichkeit, ihre Arbeit zu monetarisieren, und Käufern die Möglichkeit, einzigartige und authentifizierte digitale Assets zu besitzen. Beliebte NFT-Plattformen sind OpenSea, SuperRare und Nifty Gateway.

Schließlich haben Kryptowährungen in Entwicklungsländern Anwendungsfälle gefunden, in denen der Zugang zu traditionellen Finanzdienstleistungen oft begrenzt ist. Kryptowährungen ermöglichen es Millionen von Menschen, grundlegende Bankdienstleistungen wie Zahlungen, Geldtransfers und Sparen in Anspruch zu nehmen. Zum Beispiel ermöglicht die mobile Zahlungsplattform BitPesa den Benutzern, in Kenia, Tansania und Uganda Bitcoin-Transaktionen durchzuführen.

Konsensmechanismen und Sicherheit

Konsens: Proof of Work, Proof of Stake und Alternativen

Kryptowährungen basieren auf dezentralisierten Netzwerken, die durch Konsensmechanismen funktionieren. Diese ermöglichen die Validierung von Transaktionen im Netzwerk und gewährleisten die Integrität der Blockchain.

Proof of Work (PoW) ist der Konsensmechanismus, der von der ersten Kryptowährung, Bitcoin, verwendet wird. Miner müssen komplexe mathematische Probleme lösen, um Transaktionen zu validieren und Blöcke zur Blockchain hinzuzufügen. Dieser Prozess ist jedoch sehr energieintensiv, da leistungsstarke Computer benötigt werden, um die mathematischen Probleme zu lösen. Darüber hinaus macht Proof of Work das Netzwerk anfälliger für 51%-Angriffe.

Proof of Stake (PoS) ist eine Alternative zum Proof of Work, die den Energieverbrauch reduziert. Bei diesem Mechanismus werden die Validatoren basierend auf der Menge an Kryptowährung ausgewählt, die sie besitzen und als Sicherheit hinterlegen. Die Validatoren erhalten dann Belohnungen für die Validierung von Transaktionen im Netzwerk. Proof of Stake reduziert auch das Risiko von 51%-Angriffen.

Es gibt auch andere Konsensmechanismen wie Proof of

Authority (PoA) und Proof of Space-Time (PoST).

Die Wahl des Konsensmechanismus hängt von den Zielen und Eigenschaften jeder Kryptowährung ab. Proof of Work wird in der Regel für Kryptowährungen verwendet, die Sicherheit und Dezentralisierung priorisieren, während Proof of Stake für Kryptowährungen eingesetzt wird, die den Energieverbrauch reduzieren und Transaktionen beschleunigen möchten.

Herausforderungen bei Dezentralisierung und Vertrauen

Dezentralisierung und Vertrauen stehen im Mittelpunkt von Kryptowährungen. Kryptowährungen sind digitale Währungen, die von dezentralisierten Netzwerken reguliert werden, anstatt von zentralen Finanzinstituten wie Banken. Dezentralisierte Netzwerke werden durch eine Gruppe von Knoten geschaffen, die zusammenarbeiten, um die Gültigkeit von Transaktionen mithilfe der Blockchain-Technologie sicherzustellen.

Einer der Hauptvorteile der Dezentralisierung besteht darin, dass sie eine erhöhte Sicherheit bietet. Daten, die auf einem dezentralisierten Netzwerk gespeichert sind, sind schwieriger zu hacken oder zu verfälschen, da die Daten dupliziert und auf vielen verschiedenen Knoten gespeichert sind. Selbst wenn ein Knoten kompromittiert wird, können die anderen Knoten im Netzwerk weiterhin normal funktionieren.

Darüber hinaus ermöglicht die Dezentralisierung eine größere

Transparenz, da alle Transaktionen in einem öffentlichen Hauptbuch, der Blockchain, erfasst werden. Dies bedeutet, dass alle Transaktionen überprüfbar und nachvollziehbar sind, was die Fälschung oder Manipulation von Daten erschwert. Benutzer können daher Vertrauen in das System haben, da sie wissen, dass alle Transaktionen transparent und unveränderlich erfasst werden.

Allerdings können Dezentralisierung und Vertrauen auch Herausforderungen in Bezug auf Governance und Regulierung darstellen. Da es keine zentrale Behörde gibt, die das Netzwerk reguliert, ist es wichtig, Wege zur kollektiven Entscheidungsfindung zu finden. Dezentrale Governance, die auf Konsensprotokollen wie Proof of Work oder Proof of Stake basiert, kann bei der Bewältigung dieser Herausforderungen helfen.

Vertrauen spielt auch eine Schlüsselrolle bei Kryptowährungen. Kryptowährungen werden oft als Mittel angesehen, um traditionelle Finanzinstitutionen zu umgehen und den Menschen mehr Kontrolle über ihr Geld zu geben. Damit dies möglich ist, müssen die Benutzer Vertrauen in das System haben. Sie müssen überzeugt sein, dass ihr Geld sicher ist und sie jederzeit auf ihre Mittel zugreifen können.

Sicherheit ist daher ein wesentlicher Aspekt des Vertrauens. Benutzer müssen wissen, dass ihre Mittel sicher sind und sie jederzeit auf ihre Geldbörsen zugreifen können. Kryptowährungs-Geldbörsen bieten ein hohes Maß an Sicherheit, da sie kryptografische Schlüssel zur Absicherung der Mittel verwenden. Dies bedeutet jedoch auch, dass die Benutzer selbst für die Sicherheit ihrer eigenen Mittel

verantwortlich sind, was eine Herausforderung für jene
darstellen kann, die nicht mit der Technologie vertraut sind.

Schließlich hängt das Vertrauen in Kryptowährungen auch
von ihrer Akzeptanz durch Unternehmen und Verbraucher
ab. Je mehr Unternehmen Zahlungen in Kryptowährungen
akzeptieren, desto einfacher wird es für die Benutzer,
Waren und Dienstleistungen mit ihren Mitteln zu kaufen.
Regierungen und Finanzinstitute können ebenfalls eine
Schlüsselrolle beim Vertrauen spielen, indem sie stabile
Regulierungsrahmen schaffen und die Technologie fördern.

Konsensprotokolle: Proof of Work, Proof of Stake usw.

Konsensprotokolle sind Algorithmen, die es den Teilnehmern
im Netzwerk ermöglichen, sich auf den Zustand des
Systems und auf gültige Transaktionen zu einigen.
Das Konsensprotokoll ist eines der Schlüsselelemente
der Blockchain-Technologie, da es die Sicherheit und
Zuverlässigkeit des Netzwerks gewährleistet.

Das bekannteste Konsensprotokoll ist Proof of Work (PoW),
das von Bitcoin und vielen anderen Kryptowährungen
verwendet wird. PoW basiert auf der Lösung komplexer
mathematischer Probleme durch Miner, die mit neuen Tokens
belohnt werden. Dieser Prozess erfordert einen hohen
Energieverbrauch, da die Miner intensive Berechnungen
durchführen müssen, um die Gleichungen zu lösen.

Ein weiteres Konsensprotokoll ist Proof of Stake (PoS), das

von Kryptowährungen wie Cardano und Ethereum verwendet wird. Im Gegensatz zu PoW erfordert PoS keine intensiven Berechnungen, sondern basiert auf dem Einsatz einer bestimmten Menge an Tokens. Die Netzwerk-Validatoren werden basierend auf der Menge der eingewetteten Tokens ausgewählt, was den Teilnehmern Anreize bietet, die Integrität des Netzwerks zu wahren.

Weitere aufkommende Konsensprotokolle umfassen Delegated Proof of Stake (DPoS), Proof of Authority (PoA) und Proof of Elapsed Time (PoET). Jedes dieser Protokolle hat Vor- und Nachteile in Bezug auf Sicherheit, Skalierbarkeit und Energieeffizienz.

Im Allgemeinen werden Konsensprotokolle entwickelt, um Probleme der Koordination und des Vertrauens in einem dezentralen System zu lösen. Konsensprotokolle ermöglichen es den Teilnehmern, sich auf den Zustand des Systems zu einigen, ohne einer zentralen Entität vertrauen zu müssen. Jedoch haben alle Protokolle ihre eigenen Herausforderungen und Kompromisse, die von den Entwicklern bei der Gestaltung von Kryptowährungsnetzwerken berücksichtigt werden müssen.

Konsensmechanismen und ihre Vor- und Nachteile

Konsensmechanismen sind der Kern von Kryptowährungen und sind entscheidend, um deren Sicherheit und Funktionsweise zu gewährleisten. Diese Mechanismen ermöglichen die Validierung von Transaktionen in der

Blockchain und stellen die Konsistenz und Integrität des
Netzwerks sicher.

Es gibt verschiedene Konsensmechanismen, von denen
jeder seine eigenen Vor- und Nachteile hat. Der erste
verwendete Konsensmechanismus ist Proof of Work
(PoW), der von Bitcoin verwendet wird. PoW besteht darin,
komplexe mathematische Berechnungen zu lösen, um
Transaktionen zu validieren und neue Blöcke zu erstellen.
Miner, die diese Berechnungen lösen, werden mit neuen
Kryptowährungseinheiten belohnt.

Der Hauptvorteil von PoW liegt in seiner Sicherheit, da
es für einen Angreifer sehr schwierig ist, existierende
Blöcke zu ändern, ohne entdeckt zu werden. Allerdings
ist PoW auch sehr energieintensiv, da die Berechnungen
eine hohe Rechenleistung erfordern, was den Prozess der
Transaktionsvalidierung langsam und teuer machen kann.

Ein weiterer Konsensmechanismus ist Proof of Stake (PoS),
der von Kryptowährungen wie Cardano und Ethereum
verwendet wird. Bei PoS müssen die Validatoren (oder
«Staker») ihr Engagement für die Blockchain nachweisen,
indem sie eine bestimmte Menge an Tokens hinterlegen. Die
Validatoren werden basierend auf der Menge der gehaltenen
Tokens ausgewählt und erhalten Belohnungen für die
Transaktionsvalidierung.

Der Hauptvorteil von PoS liegt in seinem im Vergleich zu
PoW reduzierten Energieverbrauch, da keine komplexen
mathematischen Berechnungen gelöst werden müssen.
Einige Kritiker argumentieren jedoch, dass PoS die großen

Tokeninhaber begünstigt, was zu einer Zentralisierung des Netzwerks führen kann.

Es gibt auch andere Konsensmechanismen wie Proof of Capacity (PoC), Proof of Work and Service (PoWS) und Proof of Participation (PoP), die jedoch weniger verbreitet sind.

Herausforderungen und Lösungen in Bezug auf Sicherheit

Sicherheit ist eine der größten Herausforderungen in der Welt der Kryptowährungen, da die dezentrale Natur der Blockchains sie potenziell anfällig für eine Vielzahl von bösartigen Angriffen macht. Kryptowährungsinhaber müssen daher besonders darauf achten, die Sicherheit ihrer digitalen Vermögenswerte zu gewährleisten.

Eine der häufigsten Risiken besteht in der Gefahr von Wallet-Hacks, bei denen ein Angreifer versucht, Zugriff auf die privaten Schlüssel einer Wallet zu erhalten, um die Mittel zu stehlen. Benutzer müssen Sicherheitsvorkehrungen treffen, um ihre privaten Schlüssel zu schützen, wie z.B. die Verwendung von Hardware-Wallets oder die Aktivierung einer Zwei-Faktor-Authentifizierung.

Eine andere Bedrohung ist die Möglichkeit eines 51%-Angriffs, bei dem eine Gruppe von Angreifern die Kontrolle über mehr als die Hälfte der Rechenleistung einer Blockchain übernehmen kann, was ihnen ermöglicht, die Transaktionen zu manipulieren und die Blockchain zu verfälschen. Die Konsensprotokolle Proof of Work und Proof of Stake sind darauf ausgelegt, solche Angriffe zu verhindern, aber es ist wichtig, die Verteilung der Rechenleistung in einer bestimmten Blockchain zu überwachen, um eventuelle Anomalien zu erkennen.

Auch Hacks von Krypto-Börsen, bei denen die Handelsplattformen kompromittiert werden, können zum Verlust von Mitteln führen. Benutzer müssen seriöse und zuverlässige Handelsplattformen wählen und sicherstellen, dass ihre Mittel sicher verwahrt werden.

Es ist auch wichtig zu beachten, dass die Sicherheit von Kryptowährungen eng mit der allgemeinen IT-Sicherheit verbunden ist. Benutzer müssen Sicherheitsmaßnahmen wie die Verwendung starker Passwörter und aktuelle Antivirensoftware ergreifen, um sich vor Cyberangriffen zu schützen.

Es gibt auch Lösungen, um die Sicherheit von Kryptowährungen zu stärken. Zum Beispiel können Blockchains so gestaltet werden, dass sie Datenschutz- und Datensicherheitsfunktionen integrieren, um Benutzer vor Überwachungs- und Datenklau-Angriffen zu schützen.

Alternative Konsensprotokolle wie Proof of Authority und Proof of Reputation werden ebenfalls entwickelt, um die Sicherheit zu stärken und Angriffe zu verhindern.

Schließlich kann die Einführung von Vorschriften und Sicherheitsstandards für die Kryptowährungsbranche dazu beitragen, Benutzer vor Risiken zu schützen und das

Vertrauen in Kryptowährungen zu stärken.

Zusammenfassend ist Sicherheit eine große Herausforderung für Kryptowährungen, aber es gibt Maßnahmen, die Benutzer ergreifen können, um sich zu schützen, und Lösungen, die entwickelt werden, um die Sicherheit in der gesamten Branche zu stärken. Es ist wichtig, angemessene Sicherheitsmaßnahmen zu ergreifen, um digitale Vermögenswerte zu schützen, und auf Entwicklungen in Bezug auf Sicherheit in der Welt der Kryptowährungen zu achten.

Protokolle und Handelsplattformen

Dezentrale Handelsprotokolle

Dezentrale Handelsprotokolle stellen eine bedeutende Innovation im Bereich der Kryptowährungen dar. Sie ermöglichen es den Benutzern, Krypto-Assets direkt untereinander zu handeln, ohne eine zentralisierte Handelsplattform zu nutzen.

Im Gegensatz zu zentralisierten Handelsplattformen basieren dezentrale Handelsprotokolle auf der Blockchain-Technologie und sind vollständig transparent und öffentlich. Benutzer können sicher und ohne das Vertrauen in eine dritte Partei Krypto-Assets austauschen. Zudem sind sie nicht durch geografische oder währungsbedingte Beschränkungen von zentralisierten Handelsplattformen eingeschränkt.

Dezentrale Handelsprotokolle bieten auch einen besseren Schutz vor Hackerangriffen und Diebstahl, da die Mittel direkt in der Benutzer-Wallet gespeichert und nicht auf einem zentralisierten Server aufbewahrt werden. Darüber hinaus sind die Transaktionsgebühren auf dezentralen Handelsprotokollen in der Regel niedriger als auf zentralisierten Handelsplattformen.

Es gibt mehrere beliebte dezentrale Handelsprotokolle wie Uniswap, SushiSwap und PancakeSwap. Diese Protokolle sind auf öffentlichen Blockchains wie Ethereum und Binance

Smart Chain aufgebaut und ermöglichen es Benutzern, Krypto-Assets einfach auszutauschen.

Dennoch haben dezentrale Handelsprotokolle auch einige Nachteile. Zum Beispiel kann die Liquidität auf diesen Protokollen begrenzt sein, was zu erheblichen Preisunterschieden im Vergleich zu zentralisierten Handelsplattformen führen kann. Darüber hinaus kann die Komplexität bei der Verwendung von dezentralen Handelsprotokollen Anfänger oder weniger technisch versierte Benutzer abschrecken.

Trotz dieser Einschränkungen stellen dezentrale Handelsprotokolle eine bedeutende Innovation im Bereich der Kryptowährungen dar. Sie bieten Benutzern eine sicherere, transparentere und zugänglichere Möglichkeit, Krypto-Assets zu handeln, und sind ein Beispiel für die Macht der Blockchain-Technologie, die Spielregeln in der Finanzwelt zu verändern.

Zentralisierte Handelsplattformen

Zentralisierte Handelsplattformen sind Websites, auf denen Benutzer Kryptowährungen gegen andere Vermögenswerte oder Währungen austauschen können, und auf denen die Transaktionen über einen Vertrauensdritten, normalerweise den Betreiber der Handelsplattform, abgewickelt werden. Diese Plattformen waren die ersten wichtigen Akteure im Bereich der Kryptowährungen und spielen weiterhin eine wichtige Rolle für Benutzer, die in Kryptowährungen investieren oder handeln möchten.

Zentralisierte Handelsplattformen bieten in der Regel eine einfache und benutzerfreundliche Benutzeroberfläche, die es Benutzern ermöglicht, Kryptowährungen mit Fiat-Währungen oder anderen Kryptowährungen zu kaufen oder zu verkaufen. Benutzer können Kauf- oder Verkaufsaufträge zu bestimmten Preisen platzieren, und die Transaktionen werden sofort ausgeführt, sobald Angebot und Nachfrage aufeinandertreffen. Zentralisierte Handelsplattformen bieten auch fortgeschrittene Handelstools für erfahrene Benutzer wie Preisdiagramme, technische Indikatoren und fundamentale Analysewerkzeuge.

Jedoch stehen zentralisierte Handelsplattformen auch vor großen Herausforderungen in Bezug auf Sicherheit und Zuverlässigkeit. Handelsplattformen wurden im Laufe der Jahre Opfer mehrerer Hackerangriffe, bei denen Millionen von Dollar an Kundengeldern verloren wurden. Darüber hinaus wurden einige Handelsplattformen beschuldigt, Preismanipulationen und betrügerische Geschäftspraktiken durchzuführen.

Diese Risiken haben viele Benutzer dazu veranlasst, sich dezentralen Handelsplattformen zuzuwenden, die ohne Vertrauensdritte auskommen und aufgrund ihrer verteilten Architektur ein höheres Maß an Sicherheit bieten. Dennoch bleiben zentralisierte Handelsplattformen aufgrund ihrer Benutzerfreundlichkeit und hohen Liquidität eine beliebte Option für viele Benutzer.

Es ist wichtig zu beachten, dass Benutzer bei der Verwendung von zentralisierten Handelsplattformen immer vorsichtig sein müssen und angemessene Sicherheitsmaßnahmen ergreifen sollten, um ihre Mittel zu schützen. Dazu kann die Verwendung von Zwei-Faktor-Authentifizierung, die Aufbewahrung der Mittel in Offline-Cold-Wallets und die Überprüfung des Ansehens und der Geschichte der Handelsplattform gehören, bevor man ihr Vertrauen und seine Mittel in sie setzt.

Marktliquidität und -transparenz

Liquidität und Transparenz des Marktes sind wesentliche Elemente des Funktionierens von Kryptowährungen. Liquidität bezieht sich auf die Leichtigkeit, mit der eine Kryptowährung auf einem Markt gekauft oder verkauft werden kann. Eine gute Liquidität ermöglicht es Investoren, Kryptowährungen ohne lange Wartezeiten auf einen Käufer oder Verkäufer zu kaufen oder zu verkaufen. Transparenz hingegen bezieht sich auf die Sichtbarkeit von Transaktionen und Geldbewegungen auf einem Markt. Sie ermöglicht es den Investoren, Preisbewegungen zu verfolgen und das mit einer Investition verbundene Risiko zu bewerten.

Die Liquidität und Transparenz des Marktes hängen weitgehend von der Größe des Marktes und der Anzahl der Teilnehmer ab. Beliebte Kryptowährungen wie Bitcoin und Ethereum haben in der Regel eine bessere Liquidität als weniger bekannte Kryptowährungen. Zentralisierte Handelsplattformen wie Binance, Coinbase und Kraken sind die größten Marktplätze für Kryptowährungen und bieten aufgrund der Sichtbarkeit ihrer Orderbücher eine hohe Liquidität und Transparenz.

Die Transparenz kann jedoch beeinträchtigt werden, wenn böswillige Akteure versuchen, den Markt zu manipulieren. Dies kann geschehen, wenn ein großer Investor eine große Menge an Kryptowährungen auf einmal kauft oder verkauft, was zu Preisänderungen führen und die Investoren täuschen kann. Dezentrale Börsen werden oft als transparenter angesehen, da sie ohne Zwischenhändler arbeiten, jedoch ist ihre Liquidität oft geringer als die zentralisierter Börsen.

Die Liquidität und Transparenz des Marktes können auch durch staatliche Regulierungen beeinflusst werden. Wenn ein Land die Verwendung oder den Handel mit Kryptowährungen verbietet, kann dies die Liquidität und Transparenz des Marktes für diese Kryptowährung in diesem Land verringern. Regulatorische Einschränkungen können es Investoren auch erschweren, vertrauenswürdige Börsen zum Kauf oder Verkauf von Kryptowährungen zu finden.

Die Akteure im Kryptowährungsmarkt

Die Miner und Netzwerkknoten

Kryptowährungen sind dezentralisierte digitale Währungen, die über ein Netzwerk von Teilnehmern namens Blockchain erstellt, gespeichert und übertragen werden. Dieses Netzwerk wird von Minern und Knotenpunkten verwaltet, die zusammenarbeiten, um die Sicherheit und Gültigkeit von Transaktionen zu gewährleisten.

Miner sind Netzwerkteilnehmer, die ihre Rechenleistung nutzen, um Transaktionen zu überprüfen und neue Transaktionsblöcke zu erstellen. Jeder Block enthält kürzlich überprüfte Transaktionen, die von Minern hinzugefügt und zur Blockchain hinzugefügt wurden. Als Belohnung für ihre Arbeit erhalten Miner eine kleine Menge der gerade geschaffenen Kryptowährung.

Knotenpunkte sind Netzwerkteilnehmer, die eine Kopie der Blockchain speichern und die darin enthaltenen Transaktionen überprüfen. Knotenpunkte sind für die Sicherheit des Netzwerks unerlässlich, da sie überprüfen, ob Transaktionen gültig sind, bevor sie zur Blockchain hinzugefügt werden. Bei Zweifeln können Knotenpunkte eine verdächtige Transaktion ablehnen und so Betrug verhindern.

Es ist wichtig zu beachten, dass nicht alle Miner Knotenpunkte sind und nicht alle Knotenpunkte Miner

sind. Miner sind für das Erstellen neuer Transaktionsblöcke
und das Validieren der darin enthaltenen Transaktionen
verantwortlich, während Knotenpunkte für das Speichern und
Überprüfen der zur Blockchain hinzugefügten Transaktionen
verantwortlich sind.

Das Erstellen neuer Transaktionsblöcke ist ein Prozess, der
viel Rechenleistung erfordert. Das bedeutet, dass Miner
in teure Computerhardware investieren müssen, um am
Erstellen neuer Blöcke teilnehmen zu können. Dies kann den
Mining-Prozess sehr wettbewerbsfähig machen, da Miner
mit den leistungsstärksten Ressourcen oft am ehesten neue
Blöcke erstellen und belohnt werden.

Handelsplattformen und Maklerdienste

Handelsplattformen und Maklerdienste sind wichtige
Bestandteile des Kryptowährungsökosystems. Diese
Plattformen ermöglichen es den Benutzern, Kryptowährungen
gegen traditionelle Währungen wie Euro oder Dollar zu
kaufen, zu verkaufen und zu handeln. Maklerdienste bieten
ähnliche Dienstleistungen an, sind jedoch oft mit Beratungs-
und Portfolio-Management-Angeboten verbunden.

Handelsplattformen können zentralisiert oder dezentralisiert
sein. Zentralisierte Handelsplattformen sind oft
benutzerfreundlicher und bieten erweiterte Funktionen
wie den Einsatz von Finanzhebeln für Investitionen. Sie
bergen jedoch auch Risiken wie Daten- oder Fondshacks.
Dezentralisierte Handelsplattformen sind sicherer, da sie auf
Blockchain-Technologien basieren, können aber für Anfänger

schwieriger zu bedienen sein.

Maklerdienste sind eine interessante Möglichkeit für diejenigen, die in Kryptowährungen investieren möchten, aber technisches Fachwissen vermissen oder Hilfe bei der Verwaltung ihres Portfolios suchen. Diese Dienste bieten Analysetools und maßgeschneiderte Beratung, um Investoren bei fundierten Entscheidungen entsprechend ihren Anlagezielen zu unterstützen.

Es ist wichtig, eine Handelsplattform oder Maklerdienst sorgfältig auszuwählen, unter Berücksichtigung verschiedener Kriterien wie Transaktionsgebühren, Sicherheit, Liquidität, Produktpalette und angebotene Dienstleistungen. Es ist auch wichtig, den Ruf und die Historie der Plattform oder des Maklerdienstes bei vertrauenswürdigen Quellen zu überprüfen.

Schließlich ist es wichtig zu betonen, dass die Nutzung von Handelsplattformen oder Maklerdiensten keine Rentabilität der Investition in Kryptowährungen garantiert. Investoren sollten immer vorsichtig und sorgfältig bei ihren Investitionsentscheidungen sein und niemals mehr investieren, als sie sich leisten können zu verlieren.

Anbieter von Speicher- und Portfoliomanagementdiensten

Anbieter von Speicher- und Portfoliomanagementdiensten sind wichtige Akteure im Kryptowährungsökosystem. Sie bieten Lösungen für die sichere Speicherung und Verwaltung von digitalen Vermögenswerten.

Es gibt zwei Arten von Speicherung: «Hot Storage» und «Cold Storage». Hot Storage bedeutet, dass Kryptowährungen in mit dem Internet verbundenen elektronischen Geldbörsen gespeichert werden, was sie anfälliger für Hacks macht. Cold Storage hingegen bedeutet, dass digitale Vermögenswerte offline auf physischen Medien wie verschlüsselten USB-Sticks oder externen Festplatten gespeichert werden. Diese Speicherungsmethode gilt als die sicherste.

Anbieter von Kryptowährungsspeicherdiensten bieten eine Reihe von Hot- und Cold-Storage-Lösungen, um den Bedürfnissen ihrer Kunden gerecht zu werden. Sie bieten auch Lösungen für die Verwaltung von elektronischen Geldbörsen, um Bewegungen der digitalen Vermögenswerte zu verfolgen und sie einfach zu verwalten.

Anbieter von Speicher- und Portfoliomanagementdiensten sind reguliert und müssen die geltenden Sicherheitsstandards einhalten, um die Sicherheit der digitalen Vermögenswerte ihrer Kunden zu gewährleisten. Einige Marktteilnehmer, wie Banken, bieten ebenfalls Speicher- und Portfoliomanagementdienste für Kryptowährungen an.

Kryptowährungsbörsen und -dienste

Zentralisierte und dezentralisierte Börsen

Ein Schlüsselelement der Kryptowelt ist die Möglichkeit für Benutzer, digitale Währungen auszutauschen. Börsen sind Online-Plattformen, die es Benutzern ermöglichen, Kryptowährungen in Echtzeit zu kaufen, zu verkaufen und zu handeln. Es gibt zwei Arten von Kryptowährungsbörsen: zentralisierte und dezentralisierte.

Zentralisierte Börsen sind Plattformen, die wie herkömmliche Börsen funktionieren, mit einem Unternehmen an der Spitze, das den Betrieb führt und die Sicherheit der Gelder gewährleistet. Benutzer können Gelder auf die Börse einzahlen, die dann verwendet werden, um Kryptowährungen auf der Plattform zu kaufen. Zentralisierte Börsen sind für Anfänger oft benutzerfreundlicher, da sie umfassenden Kundenservice und technischen Support bieten. Zentralisierte Börsen sind auch liquider, was bedeutet, dass es mehr Verkäufer und Käufer gibt, was den Handel mit digitalen Währungen erleichtert.

Jedoch sind zentralisierte Börsen auch anfälliger für Hacking-Angriffe, da alle Gelder in einer zentralen Einheit gespeichert sind. In der Vergangenheit gab es mehrere Beispiele für gehackte zentralisierte Börsen, bei denen Millionen von Dollar an Benutzergeldern verloren gingen. Zentralisierte Börsen unterliegen auch strengerer staatlicher Regulierung, da sie als herkömmliche Finanzinstitute betrachtet werden.

Dezentralisierte Börsen hingegen sind Plattformen, die ohne zentrale Behörde oder Unternehmen funktionieren. Benutzer können Kryptowährungen direkt untereinander handeln, indem sie eine Blockchain nutzen, um Transaktionen aufzuzeichnen. Dezentralisierte Börsen sind sicherer, da Benutzergelder in ihrer eigenen Wallet gespeichert werden anstatt auf einer zentralen Plattform. Dezentralisierte Börsen sind auch transparenter, da alle Transaktionen in einer öffentlichen Blockchain aufgezeichnet werden.

Jedoch sind dezentralisierte Börsen oft für Anfänger weniger benutzerfreundlich, da sie ein gewisses technisches Verständnis von der Blockchain und Kryptowährungs-Wallets erfordern. Dezentralisierte Börsen können auch weniger liquide sein, was den Handel mit Kryptowährungen erschwert.

Letztendlich hängt die Wahl zwischen einer zentralisierten oder dezentralisierten Börse von den Vorlieben und Prioritäten jedes Benutzers ab. Zentralisierte Börsen bieten eine größere Benutzerfreundlichkeit und Liquidität, sind jedoch anfälliger für Hacking-Angriffe. Dezentralisierte Börsen sind sicherer und transparenter, können jedoch komplexer in der Benutzung sein und weniger liquide sein. Beide Arten von Börsen haben Vor- und Nachteile und Benutzer sollten ihre eigene Recherche betreiben, um zu entscheiden, welche Art von Börse am besten zu ihren Bedürfnissen und Zielen passt.

Kredit- und Stake-Plattformen

Kredit- und Stake-Plattformen sind wichtige Bestandteile des Kryptowährungs-Ökosystems. Sie ermöglichen es

Kryptowährungsinhabern, Zinsen auf ihr Vermögen zu verdienen, während sie Kreditnehmern eine Finanzierungsquelle bieten. Diese Plattformen werden oft im Rahmen von dezentralen Finanzdienstleistungen (DeFi) verwendet, die darauf abzielen, Finanzdienstleistungen für alle zugänglicher und fairer zu machen.

Kreditplattformen funktionieren, indem sie Kreditnehmer und -geber dezentral miteinander verbinden. Kreditnehmer stellen Kryptowährungsgarantien bereit, um Kredite zu erhalten, während Kreditgeber Liquidität in Kryptowährungen bereitstellen, um Zinsen auf ihre Investitionen zu generieren. Die Zinssätze, die von diesen Plattformen angeboten werden, variieren je nach Angebot und Nachfrage sowie dem mit jedem Kreditnehmer verbundenen Risikolevel.

Stake-Plattformen ermöglichen es hingegen Kryptowährungsinhabern, an der Validierung von Transaktionen in einem Blockchain-Netzwerk teilzunehmen. Durch das Staking ihrer Tokens tragen sie zur Sicherheit und Widerstandsfähigkeit des Netzwerks bei und erhalten im Gegenzug Belohnungen in Form neuer Kryptowährungseinheiten. Staking ist auch eine Form der Beteiligung an der Netzwerk-Governance, da Token-Inhaber oft Stimmrechte bei wichtigen Entscheidungen haben.

Diese Plattformen können von Privatpersonen oder Institutionen genutzt werden und bieten auch Flexibilität in Bezug auf Anlagezeitraum, Zinssatz und Risikoniveau. Kredit- und Stake-Plattformen sind in den letzten Jahren sehr beliebt geworden, insbesondere aufgrund des Wachstums von DeFi und der zunehmenden Anzahl von Kryptowährungs-

Investoren.

Es ist jedoch wichtig zu beachten, dass diese
Plattformen auch Risiken bergen. Schwankungen
der Kryptowährungspreise können den Wert der von
Kreditnehmern bereitgestellten Sicherheiten beeinträchtigen,
und die von den Plattformen angebotenen Zinssätze
können je nach Angebot und Nachfrage erheblich variieren.
Investoren sollten daher sich dieser Risiken bewusst sein und
bei der Nutzung dieser Plattformen sorgfältig vorgehen.

Dezentrale Anwendungen (dApps)

Dezentrale Anwendungen (dApps) sind Computerprogramme,
die auf der Blockchain-Technologie basieren, die das
Fundament von Kryptowährungen bildet. Im Gegensatz
zu herkömmlichen Anwendungen, die von einer zentralen
Behörde kontrolliert werden, sind dApps dezentralisiert, was
bedeutet, dass sie auf einem Netzwerk unabhängiger Knoten
ausgeführt werden.

dApps können viele Formen annehmen, von Spielen über
Finanzanwendungen bis hin zu sozialen Netzwerken und
Dateifreigabeplattformen. Was sie von traditionellen
Anwendungen unterscheidet, ist, dass sie auf dezentralen
und autonomen Protokollen aufbauen, was ihnen einzigartige
Vorteile wie Transparenz, Sicherheit und Widerstandsfähigkeit
bietet.

dApps werden oft mit DeFi-Protokollen in Verbindung
gebracht, da sie Finanzlösungen ohne die Notwendigkeit

einer herkömmlichen Finanzinstitution bieten. Zum Beispiel ermöglichen dApps wie Uniswap Benutzern, Kryptowährungen direkt ohne den Einsatz einer zentralen Handelsplattform zu tauschen. Ebenso ermöglichen dezentrale Kreditprotokolle wie Aave Benutzern, Kredite aufzunehmen und zu vergeben, ohne eine herkömmliche Bank nutzen zu müssen.

dApps können auch Vorteile für Content-Ersteller bieten, indem sie die Erstellung und Verteilung von dezentralisiertem Inhalt ermöglichen, ohne auf zentrale Plattformen wie YouTube oder Vimeo angewiesen zu sein. Beispielsweise bieten dApps wie BitTube dezentralisierte Video-Sharing-Plattformen, auf denen Benutzer Belohnungen in Kryptowährungen für die Erstellung von Inhalten erhalten können.

Orakel und Datenaggregationsdienste

Orakel und Datenaggregationsdienste sind wichtige Bestandteile des Kryptowährungs-Ökosystems. Orakel sind Schnittstellen, die es ermöglichen, reale Daten mit Smart Contracts auf der Blockchain zu verbinden. Sie sind entscheidend für dApps, um mit Echtzeitinformationen wie Asset-Preisen, Wetterdaten oder aktuellen Ereignissen interagieren zu können.

Datenaggregationsdienste hingegen sind Plattformen, die Qualitätsdaten aus verschiedenen Quellen sammeln und zur Verfügung stellen, um Benutzern fundierte Anlageentscheidungen zu ermöglichen. Diese Dienste werden oft von Händlern verwendet, um Informationen über

Handelsvolumina, Preise, Markttrends und Handelssignale zu erhalten.

Orakel und Datenaggregationsdienste sind für das Kryptowährungs-Ökosystem sehr wichtig, da sie dApps ordnungsgemäß funktionieren lassen und Benutzern wertvolle Informationen für ihre Anlageentscheidungen bieten. Jedoch sind Orakel und Datenaggregationsdienste auch Risiken ausgesetzt, wie Datenfehler, Datenmanipulation und schädliche Angriffe. Um diesen Risiken zu begegnen, werden Sicherheitslösungen wie Kryptographie, Konsensmechanismen und Sicherheitsaudits verwendet, um die Integrität und Vertraulichkeit der Daten zu gewährleisten.

Letztendlich sind Orakel und Datenaggregationsdienste unverzichtbare Werkzeuge für dApps und Investoren in der Welt der Kryptowährungen. Sie ermöglichen die Verbindung der realen Welt mit der Blockchain und liefern qualitativ hochwertige Informationen für fundierte Anlageentscheidungen. Es ist jedoch wichtig, sie vorsichtig zu nutzen und die mit diesen Diensten verbundenen potenziellen Risiken zu berücksichtigen.

Kryptowährungen und technische Herausforderungen

Skalierbarkeit und Lösungen zur Verbesserung der Netzwerkperformance

Skalierbarkeit ist eine der wichtigsten Herausforderungen, mit denen Kryptowährungen konfrontiert sind. Mit zunehmender Beliebtheit von Kryptowährungen steigt auch die Anzahl der über Blockchain-Netzwerke verarbeiteten Transaktionen, was zu Engpässen und längeren Verarbeitungszeiten führen kann.

Glücklicherweise wurden mehrere Lösungen vorgeschlagen, um die Skalierbarkeit von Kryptowährungen zu verbessern. Eine der häufigsten Lösungen ist die Optimierung der Konsensprotokolle wie Proof-of-Work und Proof-of-Stake. Diese Protokolle sind entscheidend für die Validierung von Transaktionen im Netzwerk und müssen effizient sein, um lange Verarbeitungszeiten zu vermeiden.

Eine weitere beliebte Lösung zur Verbesserung der Skalierbarkeit ist die Verwendung von Off-Chain-Skalierungstechnologien wie dem Lightning Network für Bitcoin. Diese Technologie ermöglicht die Verarbeitung von Transaktionen außerhalb der Hauptkette, was die Anzahl der auf der Hauptkette verarbeiteten Transaktionen reduziert und damit die Verarbeitungszeiten verbessert.

Sharding-Netzwerke sind ebenfalls eine vielversprechende Lösung zur Verbesserung der Skalierbarkeit von

Kryptowährungen. Diese Technologie ermöglicht die Aufteilung der Datenbank in mehrere Fragmente, sogenannte Shards, die parallel verarbeitet werden können. Dadurch können mehr Transaktionen schneller verarbeitet werden, ohne die Sicherheit des Netzwerks zu beeinträchtigen.

Schließlich kann auch die Annahme alternativer Konsensprotokolle wie Delegated Proof of Stake (DPoS) dazu beitragen, die Skalierbarkeit von Kryptowährungen zu verbessern. DPoS-Protokolle ermöglichen es Token-Inhabern, über die Validierung von Transaktionen im Netzwerk abzustimmen, wodurch die Anzahl der für die Validierung benötigten Knoten reduziert wird.

Herausforderungen der Privatsphäre und Anonymität

Privatsphäre und Anonymität sind entscheidende Aspekte im Bereich der Kryptowährungen. Im Gegensatz zu herkömmlichen finanziellen Transaktionen sind Transaktionen mit Kryptowährungen oft anonym und erfordern keine Identifizierung der beteiligten Parteien. Diese Eigenschaft kann sowohl eine Stärke als auch eine Schwäche von Kryptowährungen sein.

Auf der einen Seite kann Anonymität bei Transaktionen als bedeutender Fortschritt für die Privatsphäre der Benutzer betrachtet werden. Transaktionen mit Kryptowährungen können ohne Offenlegung personenbezogener Daten durchgeführt werden, was besonders wichtig ist für Personen, die ihre Privatsphäre schützen möchten. Darüber hinaus kann dies Transaktionen auch sicherer machen, da personenbezogene Informationen nicht den Risiken von Hacking ausgesetzt sind.

Jedoch kann Anonymität bei Transaktionen auch für illegale Zwecke wie Geldwäsche und Terrorismusfinanzierung genutzt werden. Regulatoren und Behörden betrachten diese Anonymität daher oft als Schwachpunkt von Kryptowährungen, da sie kriminelle Aktivitäten begünstigen kann.

Um diesen Herausforderungen zu begegnen, integrieren viele Kryptowährungen mittlerweile Funktionen für verbesserte Privatsphäre. Zum Beispiel verwenden einige Kryptowährungen fortschrittliche Verschlüsselungstechniken zum Schutz personenbezogener Daten, während andere Mischtechniken implementieren, um Transaktionen schwieriger nachverfolgbar zu machen. Darüber hinaus ergreifen Regulatoren Maßnahmen, um die Anonymität bei Kryptowährungstransaktionen zu begrenzen, was zur Prävention illegaler Aktivitäten beitragen kann.

Herausforderungen der Interoperabilität und Kommunikationsprotokolle

Interoperabilität ist ein wichtiger Aspekt für Kryptowährungen. Die fehlende Standardisierung der Kommunikationsprotokolle zwischen verschiedenen Kryptowährungsnetzwerken kann die Interaktion und den Werteaustausch zwischen ihnen erschweren.

Um dieses Problem zu lösen, wurden mehrere Projekte entwickelt, um effektive Interoperabilität zu ermöglichen. Das bekannteste Projekt ist wahrscheinlich Cosmos, das ein Ökosystem interoperabler Blockchains schaffen will. Cosmos basiert auf der Entwicklung eines Protokolls namens Tendermint, das die Schaffung von Blockchains ermöglicht, die mit dem Cosmos-Netzwerk kompatibel sind. Diese Blockchains können dann mithilfe eines Kommunikationsprotokolls namens IBC (Inter-Blockchain Communication) miteinander kommunizieren.

Ein weiteres wichtiges Projekt in diesem Bereich ist Polkadot, das auf einer Regenschirm-Netzwerkarchitektur basiert, mit einer zentralen Blockchain (Polkadot) und mehreren Satelliten-Blockchains (Parachains). Diese Parachains können auf bestimmte Anwendungsbereiche spezialisiert sein (z.B. Videospiele) und können mithilfe eines Protokolls namens XCMP (Cross-Chain Message Passing) miteinander kommunizieren.

Es ist auch erwähnenswert, dass die Forschung zur Interoperabilität noch im Gange ist und viele aufstrebende Projekte versuchen, diese Herausforderung anzugehen. Zum Beispiel zielt das RenVM-Projekt darauf ab, eine Interoperabilitätslösung für private Währungen wie Bitcoin oder Zcash zu schaffen, während das Wanchain-Projekt eine Interoperabilitätslösung für auf Ethereum basierende Blockchains anstrebt.

Dezentralisierte Finanzen (DeFi)

Prinzipien und Vorteile von DeFi

Dezentralisierte Finanzen (DeFi) ist eine aufstrebende
Kategorie der Blockchain-Technologie, die alternative
und dezentralisierte Finanzlösungen bietet. Sie nutzt die
Blockchain, um ein Finanzökosystem zu schaffen, das nicht
von traditionellen Vermittlern wie Banken, Brokern und
Versicherungen abhängig ist. Die grundlegenden Prinzipien
von DeFi sind Transparenz, Sicherheit, Zugänglichkeit und
Offenheit.

Einer der Hauptvorteile von DeFi besteht darin,
dass es den Benutzern ermöglicht, auf traditionelle
Finanzdienstleistungen zu verzichten und kostengünstige
und zugängliche Alternativen anzubieten. Benutzer
können an DeFi als Kreditgeber, Kreditnehmer oder
Liquiditätsanbieter teilnehmen. DeFi kann auch
Finanzdienstleistungen für Menschen bereitstellen, die
keinen Zugang zu herkömmlichen Bankdienstleistungen
haben oder Schwierigkeiten haben, Kredite von traditionellen
Finanzinstituten zu bekommen.

Ein weiterer Vorteil von DeFi ist, dass es eine vollständige
Transparenz der Transaktionen ermöglicht. Alle Transaktionen
werden auf der Blockchain aufgezeichnet und allen
Benutzern zugänglich gemacht. Dadurch wird eine bessere
Sicherheit gewährleistet, da alle Transaktionen von den
Benutzern des Netzwerks überprüft und bestätigt werden,
was das Risiko von Betrug und Korruption verringert.

DeFi bietet auch effizientere und schnellere Kreditlösungen als herkömmliche Kredite, indem es Vermittler eliminiert und Peer-to-Peer-Kredite ermöglicht. Die Zinssätze, die von DeFi-Protokollen angeboten werden, sind oft niedriger als die der herkömmlichen Finanzinstitute, was den Benutzern erhebliche Einsparungen ermöglichen kann.

Schließlich ermöglicht DeFi auch eine große Flexibilität bei der Verwendung von Vermögenswerten. Benutzer können eine Vielzahl von Kryptowährungen als Sicherheit für Kredite verwenden und auch traditionelle Vermögenswerte wie Fiat-Währungen nutzen. Dies bietet den Benutzern eine große Vielfalt an Investitionsmöglichkeiten.

Handels- und Liquiditätsprotokolle

Handels- und Liquiditätsprotokolle sind entscheidende Elemente im Bereich der Kryptowährungen. Sie ermöglichen es Investoren, digitale Vermögenswerte schnell und effizient zu kaufen, zu verkaufen und auszutauschen, was für das Wachstum und die Stabilität des Marktes entscheidend ist. In diesem Abschnitt werden die verschiedenen dezentralen und zentralen Handels- und Liquiditätsprotokolle sowie die zentralisierten und dezentralisierten Handelsplattformen untersucht.

Dezentrale Handelsprotokolle (DEX) haben in den letzten Jahren zunehmend an Beliebtheit gewonnen, da sie den Investoren einen sichereren und transparenteren Weg bieten, digitale Vermögenswerte zu tauschen. Im Gegensatz zu zentralisierten Börsen sind DEX nicht von einer einzelnen Einheit für die Speicherung und Abwicklung von Transaktionen abhängig, was das Risiko von Hacks und Diebstählen reduziert. DEX nutzen Smart Contracts, um Transaktionen zwischen Käufern und Verkäufern zu automatisieren, ohne dass ein zentraler Vermittler erforderlich ist. Dies senkt die Transaktionsgebühren und gewährleistet eine größere Transparenz bei den Transaktionen.

Zentralisierte Handelsplattformen sind nach wie vor bei Investoren sehr beliebt. Sie bieten eine höhere Liquidität als DEX, was es den Händlern ermöglicht, digitale Vermögenswerte schnell und einfach zu kaufen und zu verkaufen. Allerdings sind zentralisierte Börsen stärkeren Risiken von Hacks und Diebstählen ausgesetzt, da sie von einem einzigen Zugangspunkt abhängig sind, um Transaktionen zu speichern und abzuwickeln.

Zentralisierte Handelsplattformen bieten auch zusätzliche Funktionen wie die Möglichkeit, digitale Vermögenswerte mit Fiat-Währungen (wie US-Dollar oder Euro) zu kaufen und Marktanalyse- und Portfoliotracking-Tools zu nutzen.

Beide Arten von Handelsplattformen haben Vor- und Nachteile. DEX sind sicherer und transparenter, haben jedoch eine geringere Liquidität. Zentralisierte Börsen bieten eine höhere Liquidität, sind jedoch stärkeren Risiken von Hacks und Diebstählen ausgesetzt. Investoren sollten diese Faktoren bei der Auswahl einer Handelsplattform für ihre Transaktionen berücksichtigen.

Schließlich ist es wichtig zu beachten, dass

Liquiditätsprotokolle eine wichtige Rolle auf dem Kryptowährungsmarkt spielen. Liquiditätsprotokolle ermöglichen es Investoren, digitale Vermögenswerte zu günstigeren Preisen zu kaufen und zu verkaufen, indem sie Kauf- und Verkaufsaufträge auf verschiedenen Handelsplattformen zusammenführen. Liquiditätsprotokolle verbessern die Marktliquidität und reduzieren Preisdifferenzen zwischen verschiedenen Handelsplattformen.

Stablecoins und Kreditmechanismen

In der Welt der Kryptowährungen sind Stablecoins digitale Währungen, die darauf abzielen, einen stabilen Wert beizubehalten und oft an einen Vermögenswert oder eine Fiat-Währung wie den US-Dollar oder den Euro gebunden sind. Sie ermöglichen es den Benutzern, sich gegen die Volatilität abzusichern, die oft mit anderen Kryptowährungen wie Bitcoin oder Ethereum verbunden ist.

Das Funktionsprinzip von Stablecoins ist einfach: Für jede ausgegebene Stablecoin wird die entsprechende Menge des zugrunde liegenden Vermögenswerts als Reserve gehalten. Wenn also ein Benutzer einen Stablecoin kauft oder verkauft, wird der Preis entsprechend angepasst, um seinen stabilen Wert beizubehalten. Stablecoins können auf Handelsplattformen gehandelt und als Zahlungsmittel verwendet werden.

Neben der Stabilität bieten Stablecoins auch Vorteile beim Kreditwesen. Benutzer können ihre Stablecoins als Sicherheit verwenden, um Kredite in Kryptowährungen oder Fiat-Währungen zu erhalten. Kryptowährungs-Kreditplattformen ermöglichen es Benutzern auch, ihre Stablecoins anderen Benutzern zum Zinssatz zu leihen. Diese Kredite können für Investitionen oder laufende Ausgaben verwendet werden.

Ein Beispiel für einen beliebten Stablecoin ist Tether (USDT), der an den US-Dollar gebunden ist. Weitere Stablecoins sind USD Coin (USDC), Dai (DAI) und Binance USD (BUSD). Jeder dieser Stablecoins wird durch eine Reserve von US-Dollar abgesichert, um einen stabilen Wert zu gewährleisten.

Es ist jedoch wichtig zu beachten, dass Stablecoins auch Risiken mit sich bringen können, insbesondere in Bezug auf Regulierung und Vertrauen in die zugrunde liegenden Reserven. Daher ist es entscheidend, Stablecoins von vertrauenswürdigen Institutionen auszuwählen und ihre Bewertung regelmäßig zu überwachen.

DAOs und dezentrale Governance

Decentralized Autonomous Organizations (DAOs) sind Organisationen ohne zentrale juristische Einheit, die auf vordefinierten Regeln basieren und automatisch von einem System von Smart Contracts ausgeführt werden. Diese Organisationen basieren auf Blockchain-Technologie, die ihnen eine erhöhte Transparenz, Sicherheit und Widerstandsfähigkeit verleiht. DAOs ermöglichen es ihren Mitgliedern, demokratisch und dezentral Entscheidungen zu treffen, indem sie Token-basierte Abstimmungssysteme nutzen.

Dezentrale Governance, eines der grundlegenden Prinzipien von DAOs, stellt eine interessante Alternative zu traditionellen zentralisierten Governance-Modellen dar. Sie ermöglicht eine größere Transparenz, eine faire Verteilung der Macht und eine stärkere Beteiligung der Mitglieder. DAOs können für eine Vielzahl von Projekten verwendet werden, wie Crowdfunding, Fondsverwaltung, Governance von Open-Source-Projekten oder sogar Verwaltung von Online-Communitys.

DAOs haben in den letzten Jahren besonders im Bereich der Kryptowährungen und der DeFi einen enormen Aufschwung erlebt. Viele DeFi-Plattformen und -Protokolle basieren auf DAOs, und die Mitglieder können Entscheidungen über Regeln, Protokolle, Verbesserungen und Updates treffen. DAOs werden häufig für die Governance von Liquiditätsprotokollen verwendet, die das Herzstück des DeFi-Ökosystems sind.

Allerdings garantiert dezentrale Governance nicht immer optimale oder gerechte Entscheidungen. Probleme wie mangelnde Beteiligung, Manipulation von Abstimmungen, Zentralisierung von Macht oder Korruption können auftreten, ähnlich wie bei zentralisierten Governance-Modellen. Es ist daher wichtig, angemessene Sicherheits- und Überwachungsmechanismen zu haben, um eine faire und transparente Governance zu gewährleisten.

Risiken und Herausforderungen von DeFi

Dezentralisierte Finanzen (DeFi) haben in den letzten Jahren ein rasantes Wachstum erlebt und Milliarden von Dollar an Investitionen angezogen, wodurch Anlegern interessante Renditen geboten werden. Jedoch birgt DeFi trotz der Vorteile auch wichtige Risiken und Herausforderungen, die berücksichtigt werden müssen.

Das erste mit DeFi verbundene Risiko ist die Sicherheit. Da alle Transaktionen auf öffentlichen Blockchains stattfinden, können bösartige Akteure versuchen, Schwachstellen in Smart Contracts oder Handelsplattformen auszunutzen, um Gelder zu stehlen. Darüber hinaus können menschliche Fehler oder Fehler im Code zu erheblichen Verlusten für Anleger führen.

Das zweite Risiko ist die Liquidität. Vermögenswerte, die in Smart Contracts gehalten werden, können schwer gegen andere Vermögenswerte ausgetauscht oder in Bargeld umgewandelt werden. Dies kann zu erheblichen Verlusten für Anleger führen, die schnell Liquidität benötigen.

Das dritte Risiko ist die Volatilität. Kryptowährungen und Tokens, die in DeFi verwendet werden, können in kurzer Zeit erhebliche Wertänderungen erfahren, was zu erheblichen Verlusten für Anleger führen kann.

Darüber hinaus gibt es bedeutende Herausforderungen in Bezug auf die Regulierung von DeFi. Aufsichtsbehörden auf der ganzen Welt beobachten die mit DeFi verbundenen Aktivitäten genau und setzen sich für einen klaren regulatorischen Rahmen ein, um Anleger zu schützen und kriminelle Aktivitäten zu verhindern.

Schließlich steht DeFi vor wichtigen Herausforderungen in Bezug auf die Governance. DeFi-Plattformen werden häufig von Gemeinschaften von Token-Inhabern regiert, die über wichtige Entscheidungen abstimmen. Diese Governance-Systeme sind jedoch oft undurchsichtig und wenig transparent, was zu Entscheidungen führen kann, die im Interesse weniger Personen zum Nachteil der breiteren Gemeinschaft getroffen werden.

Trotz dieser Risiken und Herausforderungen bietet DeFi für Anleger viele potenzielle Vorteile. Es ermöglicht schnelle, kostengünstige und für alle zugängliche Finanztransaktionen ohne Zwischenhändler. Es bietet auch Anlegern interessante Renditen durch innovative Kredit- und Staking-Mechanismen.

NFTs und die digitale Wirtschaft

Nicht fungible Tokens (NFTs) sind eine kürzlich eingeführte Innovation in der Welt der Kryptowährungen, die weltweit für Aufsehen gesorgt hat. NFTs sind einzigartige digitale Vermögenswerte, die den Besitz eines digitalen Objekts repräsentieren, sei es ein Kunstwerk, ein Video, ein Musikstück oder sogar ein Tweet. Im Gegensatz zu herkömmlichen Kryptowährungen wie Bitcoin oder Ethereum sind NFTs nicht austauschbar, und jeder NFT ist einzigartig.

NFTs haben die digitale Wirtschaft revolutioniert, indem sie digitalen Content-Erstellern eine neue Möglichkeit bieten, ihre

Arbeit zu monetarisieren. Kreatoren können NFTs verkaufen, die ihre digitalen Werke repräsentieren, was ihnen die Vorteile von Knappheit und Wert ihrer Kreation ermöglicht. Zum Beispiel verkaufte der digitale Künstler Beeple im März 2021 ein digitales Kunstwerk als NFT für den Rekordbetrag von 69 Millionen US-Dollar.

NFTs bieten auch Fans die Möglichkeit, ihre Lieblingskünstler zu unterstützen, indem sie ein einzigartiges und authentisches Objekt besitzen. Fans können ein Stück der Geschichte ihres Lieblingskünstlers erwerben und gleichzeitig zu ihrem finanziellen Erfolg beitragen.

Allerdings wurden NFTs auch wegen ihrer Umweltauswirkungen kritisiert. Die meisten NFTs werden auf der Ethereum-Blockchain erstellt und gehandelt, die eine hohe Menge an Energie für die Sicherung ihres Netzwerks benötigt. Dieses Umweltproblem muss bei der Verwendung von NFTs berücksichtigt werden, und Lösungen müssen gefunden werden, um ihre CO_2-Bilanz zu reduzieren.

Nicht fungible Tokens (NFT) und die digitale Wirtschaft

Grundlagen und Anwendungen von NFT

Nicht fungible Tokens (NFTs) sind einzigartige digitale Vermögenswerte, die den Besitz und die Authentizität eines spezifischen digitalen Objekts darstellen können, wie zum Beispiel ein Kunstwerk, ein Video, ein Tweet oder sogar ein Spiel-Token. NFTs werden auf der Blockchain erstellt, was bedeutet, dass ihr Besitz und ihre Authentizität öffentlich und sicher überprüfbar sind.

In den letzten Jahren haben NFTs einen enormen Aufschwung erlebt, mit Rekordverkäufen von digitalen Kunstwerken und Spiel-Token. NFTs bieten Künstlern, Schöpfern und Spieleentwicklern eine neue Möglichkeit, einzigartige digitale Objekte direkt an ihre Fans zu verkaufen, ohne auf Zwischenhändler wie Auktionshäuser oder Spielevertriebsplattformen angewiesen zu sein.

NFTs können auch einen sentimentalen und symbolischen Wert für ihre Besitzer haben, als Markierungen ihrer Teilnahme oder Unterstützung einer bestimmten Community oder Sache. NFTs können verwendet werden, um Abstimmungstoken für Gemeinschaftsmitglieder zu erstellen oder Beitragende eines Open-Source-Projekts zu belohnen.

Allerdings können NFTs auch für betrügerische oder illegale Aktivitäten wie Fälschung, den Verkauf gestohlener Güter oder Geldwäsche genutzt werden. Regulierungsbehörden und Regierungen suchen nach einem besseren Verständnis der Auswirkungen von NFTs auf die finanzielle Sicherheit und den Verbraucherschutz und entwickeln Richtlinien und Vorschriften, um die mit ihrer Verwendung verbundenen Risiken zu begrenzen.

NFT-Handels- und Kreativplattformen

NFT-Handels- und Kreativplattformen haben die Welt der digitalen Kunst und einzigartigen Sammlerstücke im Sturm erobert. NFTs, oder nicht fungible Tokens, sind digitale Vermögenswerte, die den Besitz von digitalen Objekten wie Bildern, Videos, Musik usw. repräsentieren. NFT-Handelsplattformen ermöglichen es Künstlern und Kreatoren, ihre digitalen Werke als NFTs zu verkaufen, während NFT-Kreativplattformen die Möglichkeit bieten, NFTs nach den Bedürfnissen und Vorlieben der Nutzer zu erstellen und anzupassen.

Zu den beliebtesten NFT-Handelsplattformen gehören OpenSea, Rarible, SuperRare und Nifty Gateway. Diese Plattformen ermöglichen es den Benutzern, NFTs sicher und transparent zu kaufen, zu verkaufen und zu sammeln. Künstler können diese Plattformen auch nutzen, um ihre digitalen Kreationen als NFTs zu verkaufen und eine faire Entschädigung für ihre Arbeit zu erhalten.

NFT-Kreativplattformen werden ebenfalls immer beliebter und bieten Benutzern die Möglichkeit, NFTs nach ihren eigenen Spezifikationen zu erstellen und anzupassen.

Zu den bekanntesten NFT-Kreativplattformen gehören
Mintable, NiftyKit und OpenSea's Creator. Diese Plattformen
ermöglichen den Benutzern, einzigartige NFTs aus eigenen
Bildern, Videos oder Musik zu erstellen und jedes NFT
durch Hinzufügen spezifischer Elemente wie Attribute oder
besondere Eigenschaften individuell anzupassen.

NFTs sind zu einer neuen Form des Sammelns einzigartiger
und wertvoller Objekte geworden. NFT-Handels- und
Kreativplattformen bieten Künstlern und Kreatoren eine neue
Möglichkeit, ihre Arbeit zu verkaufen und einem breiteren
Publikum bekannt zu machen. Sammler können diese
Plattformen auch nutzen, um einzigartige und seltene digitale
Kunstwerke zu erwerben und sie sicher und transparent über
die Blockchain-Technologie zu besitzen.

Wirtschaftliche und kulturelle Herausforderungen der NFTs

Nicht fungible Tokens (NFTs) sind eine neuere technologische
Innovation im Bereich der Kryptowährungen. NFTs
ermöglichen die digitale Darstellung einzigartiger
Vermögenswerte wie Kunstwerken, Videospiel-Token oder
sogar Tweets mithilfe der Blockchain-Technologie. NFTs
sind aufgrund ihres potenziellen Einflusses auf die Kunst-,
Unterhaltungs- und Kulturindustrie zu einem wichtigen Thema
in wirtschaftlichen und kulturellen Kreisen geworden.

Aus wirtschaftlicher Sicht bieten NFTs neue Möglichkeiten
für Künstler und Content-Ersteller, einzigartige digitale
Vermögenswerte zu verkaufen und Einnahmen aus ihrer

Arbeit zu erzielen. NFTs ermöglichen auch den Nachweis von Authentizität und Eigentum für digitale Vermögenswerte, was insbesondere für die Kunst- und Kulturindustrie von Bedeutung ist, die traditionell Schwierigkeiten hatte, Fälschungen und Piraterie zu bekämpfen.

Allerdings haben NFTs auch Bedenken hinsichtlich ihrer Auswirkungen auf die Kunst- und Kulturindustrie aufgeworfen. Einige befürchten, dass NFTs eher eine neue Form der finanziellen Spekulation und einer spekulativen Blase werden könnten, anstatt einen echten Fortschritt für Künstler und Content-Ersteller darzustellen. Es ist daher wichtig, die Funktionsweisen von NFTs genau zu verstehen und sicherzustellen, dass ihre Verwendung verantwortungsvoll und nachhaltig ist.

Von kultureller Perspektive aus bieten NFTs auch neue Möglichkeiten für die Schaffung und Verbreitung von Inhalten. Künstler und Content-Ersteller können die Möglichkeiten der Blockchain-Technologie nutzen, um neue Arten der Kreation und des Teilens von Inhalten zu experimentieren. NFTs ermöglichen es auch, traditionelle Grenzen zwischen Kunst und Technologie aufzubrechen und den Weg für neue Formen der Kreativität und des Ausdrucks zu ebnen.

Allerdings haben NFTs auch Fragen nach Zugang und kultureller Vielfalt aufgeworfen. Einige befürchten, dass NFTs nur einer begrenzten Gruppe wohlhabender Sammler zugänglich sind, was zu einer Beschränkung der kulturellen und kreativen Vielfalt führen könnte. Es ist daher wichtig, sicherzustellen, dass die Nutzung von NFTs für alle zugänglich und offen bleibt, um eine inklusivere und vielfältigere Kultur zu fördern.

Anlage und Portfoliomanagement

Investitionsstrategien und verbundene Risiken

Kryptowährungen sind in den letzten Jahren zu einem äußerst beliebten Investitionsthema geworden, wobei viele Anleger von dem schnellen Wachstum dieses expandierenden Marktes profitieren möchten. Es ist jedoch wichtig zu beachten, dass Investitionen in Kryptowährungen auch erhebliche Risiken mit sich bringen, insbesondere aufgrund der volatilen Natur dieses Marktes.

Eine der gängigsten Investitionsstrategien in Kryptowährungen ist die sogenannte «Kaufen und Halten»-Strategie, bei der eine Kryptowährung zu einem festgelegten Preis gekauft und über einen längeren Zeitraum gehalten wird, in der Hoffnung, dass ihr Wert langfristig steigen wird. Diese Strategie kann für Anleger effektiv sein, die langfristig an die Nachhaltigkeit einer bestimmten Kryptowährung glauben, birgt jedoch auch erhebliche Risiken aufgrund der Marktvolatilität und Preisschwankungen.

Eine weitere gängige Investitionsstrategie in Kryptowährungen ist das Day-Trading, bei dem Kryptowährungen auf täglicher oder wöchentlicher Basis gekauft und verkauft werden, um durch Ausnutzung von Preisbewegungen schnelle Gewinne zu erzielen. Obwohl dieser Ansatz für erfahrene Anleger profitabel sein kann, ist er aufgrund der Marktvolatilität und der Notwendigkeit einer fundierten Kenntnis der technischen Analyse, um effektive Handelsentscheidungen zu treffen, auch mit erheblichen Risiken verbunden.

Es ist auch wichtig zu beachten, dass Investitionen in Kryptowährungen erheblichen regulatorischen Risiken unterliegen, da viele Länder versuchen, Kryptowährungen aufgrund von Sicherheitsbedenken und Betrugsfällen zu regulieren oder sogar vollständig zu verbieten. Anleger müssen sich dieser Risiken bewusst sein und die regulatorischen Entwicklungen in den Ländern, in die sie investieren, genau überwachen.

Fundamentalanalyse und Werkzeuge für technische Analyse und Tracking

Wenn es um Investitionen in Kryptowährungen geht, ist es entscheidend, mehrere Faktoren zu berücksichtigen, um den Wert einer digitalen Währung und deren zukünftige Performance zu bewerten. Fundamentalanalyse ist ein Ansatz, der die wirtschaftlichen und finanziellen Aspekte einer Kryptowährung untersucht, wie ihre Akzeptanz, Nutzung, Technologie und Partnerschaften. Diese Analyse kann Anlegern helfen festzustellen, ob eine Kryptowährung langfristiges Wachstumspotenzial hat.

Ein Schlüsselelement der Fundamentalanalyse ist die Untersuchung der Akzeptanz und Nutzung der Kryptowährung. Faktoren, die die Akzeptanz und Nutzung einer Kryptowährung beeinflussen können, umfassen Benutzerfreundlichkeit, Sicherheit, Partnerschaften mit etablierten Unternehmen und die Akzeptanz durch Händler. Zum Beispiel war die Akzeptanz von Bitcoin durch Tesla ein wichtiger Faktor für den Anstieg des Kryptowährungswerts im Jahr 2021.

Darüber hinaus kann die Fundamentalanalyse auch auf die zugrunde liegende Technologie der Kryptowährung fokussiert sein. Anleger können die Qualität und Effizienz der Blockchain-Technologie sowie deren Implementierung in der Kryptowährung bewerten. Die Analyse kann auch auf neuere oder zukünftige technologische Innovationen abzielen, die die Sicherheit, Geschwindigkeit oder Funktionalität der Kryptowährung verbessern könnten.

Neben der Fundamentalanalyse kann auch die technische Analyse zur Bewertung von Markttrends und Preisbewegungen einer Kryptowährung verwendet werden. Technische Analyse beinhaltet die Analyse von Preisdiagrammen, Volumenentwicklung und anderen technischen Indikatoren, um vergangene Trends zu bestimmen und zukünftige Trends vorherzusagen. Es ist jedoch wichtig zu beachten, dass die technische Analyse keine Berücksichtigung fundamentaler Faktoren beinhaltet, die den Preis einer Kryptowährung beeinflussen können.

Es ist wichtig zu betonen, dass weder Fundamentalanalyse noch technische Analyse den Erfolg von Investitionen in Kryptowährungen garantieren. Investitionen in Kryptowährungen sind hochspekulativ und können einer erheblichen Volatilität unterliegen. Anleger müssen verschiedene Faktoren, einschließlich ihrer eigenen Risikotoleranz, berücksichtigen, bevor sie sich für Investitionen in Kryptowährungen entscheiden.

Diversifikation und Portfoliomanagement

Diversifikation und Portfoliomanagement sind wichtige Konzepte für Anleger in Kryptowährungen. Wie bei jeder Art von Investition ist es wichtig, das Portfolio zu diversifizieren, um Risiken zu reduzieren und potenzielle Gewinne zu maximieren. Durch Diversifikation können Risiken auf verschiedene Vermögenswerte, Kategorien und Verhaltensmuster verteilt werden.

Es ist wichtig zu beachten, dass Diversifikation keine Gewinne garantiert, sondern potenzielle Verluste begrenzen kann, wenn ein Vermögenswert oder eine Markt-Kategorie schlecht abschneidet. Diversifikation kann durch Investitionen in verschiedene Kryptowährungen, verschiedene Kategorien von Kryptowährungen oder verschiedene Sektoren der Wirtschaft im Zusammenhang mit Kryptowährungen erfolgen.

Auch das Portfoliomanagement ist für Anleger in Kryptowährungen entscheidend. Es ist wichtig, eine klare und gut definierte Portfoliomanagementstrategie zu haben, um fundierte Entscheidungen über den Kauf, Verkauf oder das Halten von Vermögenswerten zu treffen. Diese Strategie sollte klare Ziele, eine Vermögensallokation, Gewinn- und Verlustschwellen sowie eine regelmäßige Überwachung der Marktentwicklungen beinhalten.

Es ist wichtig zu verstehen, dass der Kryptowährungsmarkt äußerst volatil ist und von unvorhergesehenen externen Faktoren beeinflusst werden kann. Anleger in Kryptowährungen müssen bereit sein, potenzielle Verluste hinzunehmen und Geduld haben, damit ihr Portfolio langfristig Renditen erzielen kann.

Es ist auch wichtig zu beachten, dass das Portfoliomanagement in Kryptowährungen fundierte Kenntnisse über verschiedene Kryptowährungen, Markttrends und wirtschaftliche Faktoren erfordert, die den Markt beeinflussen können. Anleger müssen regelmäßig Nachrichten und technologische Entwicklungen im Bereich Kryptowährungen verfolgen, um fundierte Entscheidungen über die Verwaltung ihres Portfolios treffen zu können.

Steuerliche Behandlung und Regulierung

Die Besteuerung und Regulierung von Kryptowährungen sind wichtige Themen für jeden Investor oder Benutzer dieser digitalen Vermögenswerte. Obwohl Kryptowährungen oft mit Dezentralisierung und finanzieller Freiheit in Verbindung gebracht werden, unterliegen sie auch steuerlichen und regulatorischen Vorschriften in vielen Ländern.

Hinsichtlich der Besteuerung werden Kryptowährungen oft als finanzielle Vermögenswerte behandelt, was bedeutet, dass Gewinne aus diesen Vermögenswerten Einkommensteuer oder Kapitalertragsteuer unterliegen können. Die steuerlichen Vorschriften können jedoch von Land zu Land unterschiedlich sein, daher ist es wichtig, die geltenden Vorschriften in der eigenen Gerichtsbarkeit zu prüfen. Darüber hinaus ist es wichtig zu beachten, dass Transaktionen in Kryptowährungen in einigen Ländern auch der Mehrwertsteuer oder ähnlichen Steuern unterliegen können.

Was die Regulierung betrifft, haben viele Länder regulatorische Rahmenbedingungen für den Umgang mit Kryptowährungen geschaffen. Dies kann Anforderungen hinsichtlich der Einhaltung von Vorschriften zur Bekämpfung von Geldwäsche und Terrorismusfinanzierung, Registrierungs- oder Lizenzanforderungen für Kryptowährungsbörsen oder Beschränkungen für Investitionen in diese digitalen Vermögenswerte umfassen.

Es ist wichtig zu beachten, dass sich diese Vorschriften schnell ändern können und dass Anleger und Benutzer von Kryptowährungen über die neuesten Entwicklungen auf dem Laufenden bleiben müssen. Zum Beispiel haben einige Länder kürzlich Maßnahmen ergriffen, um die Nutzung bestimmter Kryptowährungen zu verbieten oder einzuschränken, oder um Kryptowährungsbörsen strenger zu regulieren.

Zusammenfassend sind steuerliche Behandlung und Regulierung von Kryptowährungen komplexe und sich ständig ändernde Themen. Es ist daher entscheidend, sich über die anwendbaren Vorschriften in der eigenen Gerichtsbarkeit zu informieren und über die neuesten Entwicklungen in Bezug auf Regulierung auf dem Laufenden zu bleiben. Jeder Investor oder Benutzer von Kryptowährungen sollte sich der potenziellen Risiken im Zusammenhang mit diesen digitalen Vermögenswerten bewusst sein und Maßnahmen ergreifen, um diese Risiken so weit wie möglich zu begrenzen.

Neue Formen der Finanzierung und Investition

Initial Coin Offerings (ICO) und Security Token Offerings (STO)

Initial Coin Offerings (ICO) und Security Token Offerings (STO) sind beliebte Finanzierungsmethoden für Projekte, die auf der Blockchain-Technologie basieren. ICOs und STOs ermöglichen es Investoren, Tokens oder Wertpapiere zu erwerben, die eine Beteiligung an dem entsprechenden Projekt darstellen. ICOs und STOs haben das Potenzial, die Finanzwelt zu revolutionieren, indem sie neue Investitionsmöglichkeiten für Privatpersonen und Unternehmen schaffen.

ICOs wurden erstmals 2013 mit der Einführung von Mastercoin, dem ersten erfolgreichen ICO in der Geschichte, eingeführt. Seitdem haben Tausende von Projekten diese Methode zur Kapitalbeschaffung genutzt. ICOs werden oft von Start-ups verwendet, um die Entwicklung neuer Projekte auf der Blockchain-Technologie zu finanzieren. Investoren kaufen Kryptowährungstoken, die vom jeweiligen Projekt ausgegeben werden, im Austausch gegen Geld. Diese Tokens können verwendet werden, um auf die vom Projekt angebotenen Dienstleistungen oder Produkte zuzugreifen oder auf Kryptowährungsbörsen gehandelt werden.

STOs hingegen sind sichere und regulierte Wertpapierangebote, die auf der Blockchain emittiert werden. Im Gegensatz zu ICOs unterliegen STOs strengen Sicherheits-

und Anlegerschutzvorschriften, was sie zu einer sichereren und verlässlicheren Finanzierungsoption macht. STOs können für größere Projekte wie Immobilien, Investmentfonds oder Infrastrukturprojekte zur Kapitalbeschaffung verwendet werden.

ICOs und STOs bieten einzigartige Vorteile für Investoren und Emittenten. Sie bieten Finanzierungsmöglichkeiten für Projekte in frühen Entwicklungsstadien, die Schwierigkeiten haben, traditionelle Finanzierungen zu erhalten. Investoren können im Austausch für ihr Geld eine Beteiligung am Projekt erhalten, was profitabel sein kann, wenn das Projekt erfolgreich ist.

Es gibt jedoch Risiken im Zusammenhang mit ICOs und STOs, und Investoren sollten Vorsicht walten lassen, wenn sie in diese Projekte investieren. ICOs können betrugsanfällig sein und Investoren können ihr Geld verlieren, wenn das Projekt scheitert. STOs sind ebenfalls regulatorischen Risiken ausgesetzt und Investoren müssen sicherstellen, dass die Emittenten den geltenden Gesetzen und Vorschriften entsprechen.

Crowdfunding- und Kreditplattformen

Crowdfunding- und Kreditplattformen haben sich als Finanzierungsmöglichkeit für projektrelevante Kryptowährungen entwickelt. Sie bieten eine Alternative zu traditionellen Kreditgebern, indem sie Privatpersonen und Unternehmen ermöglichen, direkt von der Kryptowährungs-Investorengemeinschaft zu leihen.

Crowdfunding- und Kreditplattformen sind in der Regel
dezentrale Plattformen, die auf der Blockchain funktionieren
und Smart Contracts nutzen, um Transaktionen zwischen
Kreditgebern und Kreditnehmern zu automatisieren.
Kreditgeber können Geld gegen Zinsen verleihen und
Kreditnehmer können Finanzierungen erhalten, ohne auf
traditionelle Finanzinstitute angewiesen zu sein.

Diese Plattformen ermöglichen es Investoren auch, ihre
Portfolios zu diversifizieren, indem sie in verschiedene
projektrelevante Kryptowährungsprojekte investieren,
wie zum Beispiel Mining-Projekte, Infrastrukturprojekte,
Softwareentwicklungsprojekte, ICOs und andere innovative
Projekte.

Es ist jedoch wichtig zu beachten, dass mit diesen
Plattformen oft hohe Risiken verbunden sind. Kreditnehmer
können nicht gerichtlich geprüfte Einzelpersonen oder
Unternehmen sein und die Projekte können hoch spekulativ
sein. Investoren sollten daher bei der Investition in
mit Kryptowährungen verbundene Crowdfunding- oder
Kreditprojekte vorsichtig sein.

Es gibt verschiedene auf der Blockchain basierte
Crowdfunding- und Kreditplattformen wie EthLend, SALT,
Celsius Network, Nexo, BlockFi, Bitbond und viele andere.
Diese Plattformen bieten unterschiedliche Dienstleistungen
und verschiedene Vorteile, daher ist es wichtig, gründliche
Recherchen anzustellen, bevor man sich für eine Plattform
entscheidet.

Investmentfonds und Kryptowerte

Institutionelle Investoren haben in den letzten Jahren ein wachsendes Interesse an Kryptowerten gezeigt, und es wurden zahlreiche Investmentfonds gegründet, um Investoren die Teilnahme an diesem stark wachsenden Markt zu ermöglichen. Investmentfonds bieten Investoren über eine traditionelle Fondsstruktur eine Exposition gegenüber Kryptowerten, die eine professionelle Verwaltung und Risikodiversifikation ermöglicht.

Kryptowelten-Investmentfonds können verschiedene Formen annehmen. Fonds können passiv sein und die Entwicklung eines Kryptowert-Marktindex nachbilden oder aktiv sein und versuchen, den Marktindex durch aktives Management zu übertreffen.

Passive Fonds sind in der Regel Indexfonds oder börsengehandelte Fonds (ETFs), die entwickelt wurden, um die Performance eines Kryptowert-Marktindex wie Bitcoin oder Ethereum nachzubilden. Diese Fonds sind darauf ausgerichtet, eine direkte Beteiligung am Kryptowertmarkt zu bieten, ohne umfangreiches Wissen über die zugrunde liegende Technologie oder Märkte zu erfordern.

Aktive Fonds hingegen werden von professionellen Investmentmanagern verwaltet, die versuchen, den Marktindex durch Investitionen in eine Auswahl von Kryptowerten zu übertreffen. Diese Fonds sind dafür konzipiert, eine Exposition gegenüber dem Kryptowertmarkt zu bieten, während sie professionelles Management und Risikodiversifikation bieten.

Kryptowelten-Investmentfonds unterliegen in vielen Ländern strengen Vorschriften und potenzielle Investoren sollten sicherstellen, dass die von ihnen in Betracht gezogenen Fonds reguliert sind und den geltenden Standards entsprechen.

Es ist wichtig zu beachten, dass der Kryptowertmarkt sich ständig weiterentwickelt und beträchtliche Risiken und Chancen bietet. Investoren sollten sich dieser Risiken bewusst sein und bei Investitionen in Kryptowelten-Investmentfonds vorsichtig sein.

Kryptowährungen und die Weltwirtschaft

Die Auswirkungen auf Banken und Finanzinstitute

Kryptowährungen haben eine große Auswirkung auf Banken und Finanzinstitute. Diese haben das Potenzial von Kryptowährungen erkannt und sind immer stärker in deren Entwicklung und Verbreitung involviert.

Banken stehen vor verschiedenen Herausforderungen im Zusammenhang mit Kryptowährungen. Zuerst müssen sie sich an das Aufkommen neuer Zahlungs- und Überweisungsmethoden anpassen, die ihr traditionelles Geschäftsmodell bedrohen könnten. Kryptowährungen bieten schnellere, sicherere und kostengünstigere Lösungen als herkömmliche Finanztransaktionen. Daher müssen Banken in der Lage sein, den Bedürfnissen von Kunden gerecht zu werden, die Kryptowährungen für ihre finanziellen Transaktionen nutzen möchten.

Des Weiteren müssen Banken sich der Risiken im Zusammenhang mit Kryptowährungen bewusst sein, wie zum Beispiel Preisschwankungen, Sicherheit von Transaktionen und Betrugsrisiken. Hierfür müssen Banken Sicherheits- und Überwachungslösungen entwickeln, um ihre Kunden vor Cyberangriffen zu schützen.

Auch Finanzinstitute sind von Kryptowährungen

betroffen. Institutionelle Investoren haben begonnen, in Kryptowährungen und digitale Vermögenswerte zu investieren, was zu einem Anstieg der Marktkapitalisierung dieser Vermögenswerte geführt hat. Als Folge davon haben Finanzinstitute begonnen, neue Investmentmöglichkeiten in Kryptowährungen zu erkunden und Finanzprodukte auf Basis dieser Vermögenswerte zu entwickeln.

Allerdings haben Finanzaufsichtsbehörden begonnen, Bedenken bezüglich der Risiken von Kryptowährungen zu äußern und die Überwachung von Kryptowährungsbörsen verstärkt. Daher müssen Finanzinstitute in der Lage sein, sich an sich ständig ändernde Vorschriften anzupassen.

Zuletzt müssen Banken und Finanzinstitute sich auch an das Aufkommen der dezentralen Finanzen (DeFi) anpassen, die auf Kryptowährungen basieren. DeFi bietet dezentrale Finanzdienstleistungen wie Kredite, Börsen und Smart Contracts, ohne dass dafür eine dritte Partei erforderlich ist, um diese zu verwalten. Daher müssen Banken in der Lage sein, sich in diesem aufstrebenden Ökosystem zu positionieren und Wege zu finden, um mit DeFi-Protokollen zusammenzuarbeiten.

Die Akzeptanz von Kryptowährungen durch Unternehmen und Geschäfte

Die Akzeptanz von Kryptowährungen durch Unternehmen und Geschäfte ist ein stark wachsendes Gebiet. Immer mehr Unternehmen entscheiden sich dafür, Zahlungen in Kryptowährungen, insbesondere in Bitcoin und Ethereum,

anzunehmen. Diese Akzeptanz ist auf verschiedene Gründe
zurückzuführen, darunter die zunehmende Beliebtheit
von Kryptowährungen und ihre steigende Verwendung als
Zahlungsmittel durch Verbraucher.

Die Akzeptanz von Kryptowährungen durch Unternehmen
kann auch durch finanzielle Vorteile motiviert sein.
Zahlungen in Kryptowährungen sind oft kostengünstiger
als herkömmliche Zahlungsmethoden, da keine teuren
Finanzintermediäre wie Banken erforderlich sind. Zudem
sind Zahlungen in Kryptowährungen in der Regel schneller
und sicherer als herkömmliche Zahlungsmethoden, da
Transaktionen direkt zwischen den Parteien stattfinden und
keine Dritten involviert sind.

Allerdings birgt die Akzeptanz von Kryptowährungen durch
Unternehmen auch Herausforderungen. Zunächst sind
Kryptowährungen noch relativ neu und wenig bekannt, was
ihre Akzeptanz für einige Unternehmen erschweren kann.
Zudem unterliegen Kryptowährungen einer erheblichen
Volatilität, was Transaktionen in Kryptowährungen für
Unternehmen risikoreich machen kann.

Trotz dieser Herausforderungen akzeptieren viele
Unternehmen Kryptowährungen als Zahlungsmittel und einige
bieten sogar Rabatte für Kunden an, die in Kryptowährungen
bezahlen. Große Unternehmen wie Microsoft, Tesla und
PayPal akzeptieren bereits Zahlungen in Bitcoin und es
wird erwartet, dass andere ihrem Beispiel in Zukunft folgen
werden.

Kryptowährungen als Wertspeicher und Zahlungsmittel

Kryptowährungen, insbesondere Bitcoin, wurden ursprünglich als dezentrale und autonome Alternative zum traditionellen Finanzsystem konzipiert. Seitdem haben sie sich zu einem Wertspeicher und Zahlungsmittel entwickelt, das von Millionen von Menschen weltweit verwendet wird. Kryptowährungen bieten mehrere Vorteile als Wertspeicher und Zahlungsmittel, darunter Sicherheit, Geschwindigkeit und Benutzerfreundlichkeit.

Als Wertspeicher haben Kryptowährungen einzigartige Eigenschaften, die sie von traditionellen Währungen unterscheiden. Zunächst sind sie dezentralisiert, was bedeutet, dass sie nicht von einer einzigen Entität oder Finanzinstitution kontrolliert werden. Zudem ist ihr Angebot begrenzt, was bedeutet, dass sie relativ immun gegen Inflation sind. Weiterhin werden Kryptowährungen oft zur Diversifizierung von Anlageportfolios verwendet, da sie nicht mit den traditionellen Finanzmärkten korreliert sind.

Als Zahlungsmittel bieten Kryptowährungen praktische Vorteile im Vergleich zu traditionellen Zahlungsmethoden. Transaktionen sind schnell und effizient. Zudem sind die Transaktionsgebühren in der Regel geringer als bei Banken und anderen Finanzinstituten. Abschließend sind Transaktionen oft anonym, was den Benutzern ein zusätzliches Maß an Privatsphäre bietet.

Allerdings haben Kryptowährungen auch ihre Grenzen als Wertspeicher und Zahlungsmittel. Zunächst kann ihre

Volatilität ihre Verwendung als Wertspeicher unsicher machen. Zudem ist ihre Akzeptanz als Zahlungsmittel begrenzt durch die Verfügbarkeit von Händlern, die Kryptowährungen akzeptieren. Abschließend kann Anonymität, die oft als Vorteil angesehen wird, auch illegale Aktivitäten wie Geldwäsche und Terrorismusfinanzierung erleichtern.

Zusammenfassend können Kryptowährungen eine interessante Möglichkeit sein, Anlageportfolios zu diversifizieren und eine Alternative zu traditionellen Zahlungsmethoden zu bieten. Es ist jedoch wichtig, ihre Vor- und Nachteile zu verstehen, bevor sie als Wertspeicher oder Zahlungsmittel verwendet werden.

Soziale und geopolitische Herausforderungen von Kryptowährungen

Die Demokratisierung des Zugangs zu Finanzdienstleistungen

Die Demokratisierung des Zugangs zu Finanzdienstleistungen ist eines der Kernziele von Kryptowährungen. Tatsächlich ermöglichen sie Individuen, Unternehmen und sogar Staaten, die zuvor vom traditionellen Finanzsystem ausgeschlossen waren, den Zugang zu Bank- und Finanzdienstleistungen.

Kryptowährungen sind aus dem Wunsch heraus entstanden, ein gerechteres und faireres Finanzsystem zu schaffen, ohne die Ungleichheiten und Diskriminierungen, die dem traditionellen Finanzsystem innewohnen. Sie ermöglichen es, die Eintrittsbarrieren des traditionellen Finanzsystems zu umgehen, wie zum Beispiel Kapitalanforderungen, hohe Kosten oder geografische Beschränkungen.

Mit Kryptowährungen kann jeder kostengünstig auf ein Bankkonto zugreifen und Finanztransaktionen durchführen, ohne vorherige Genehmigung und ohne den Restriktionen unterliegen zu müssen, die von Banken oder Regierungen auferlegt werden.

In der Tat sind Kryptowährungen oft dezentralisiert und basieren auf Blockchain-Technologie, was bedeutet, dass sie von einem Netzwerk von Peers statt einer zentralen Einheit verwaltet werden. Transaktionen werden innerhalb dieses Netzwerks durch Konsens validiert, was eine größere Transparenz und Vertrauen in das System ermöglicht.

Darüber hinaus werden Kryptowährungen oft mit Mikrokredit- und finanzieller Inklusionsprojekten in Entwicklungsländern in Verbindung gebracht, in denen traditionelle Bankdienstleistungen oft unzugänglich oder teuer sind. Kryptowährungen können so kostengünstige und sichere Zahlungslösungen bieten, die es diesen Bevölkerungsgruppen ermöglichen, sich aus finanzieller Unsicherheit zu befreien.

Es sollte jedoch darauf hingewiesen werden, dass Kryptowährungen noch nicht weit verbreitet als Zahlungsmittel verwendet werden, teilweise aufgrund ihrer Wertvolatilität. Dennoch gibt es viele laufende Projekte, um stabile Kryptowährungen zu entwickeln, die an Fiatwährungen gebunden sind, um dieses Problem zu beheben.

Kryptowährungen und der Schutz der Privatsphäre

Kryptowährungen wurden geschaffen, um eine Alternative zu traditionellen Finanzsystemen zu bieten und den Benutzern erhöhte Sicherheit und Privatsphäre zu ermöglichen. Allerdings kann diese Privatsphäre in Frage gestellt werden, insbesondere im Hinblick auf den Schutz der Privatsphäre.

Die meisten Kryptowährungen sind nicht vollständig anonym, da alle Transaktionen in der dezentralen öffentlichen

Blockchain aufgezeichnet werden. Wallet-Adressen sind ebenfalls öffentlich, was bedeutet, dass Transaktionen verfolgt und analysiert werden können.

Es gibt jedoch Kryptowährungen, die durch Technologien wie CoinJoin oder RingCT einen verbesserten Schutz der Privatsphäre bieten. Diese Kryptowährungen werden oft als «Privacy Coins» bezeichnet und umfassen Projekte wie Monero, Zcash und Dash.

Leider werden solche Kryptowährungen oft für illegale Aktivitäten wie Geldwäsche und Terrorismusfinanzierung verwendet. Finanzregulierungsbehörden auf der ganzen Welt arbeiten daher daran, Regulierungen zur Bekämpfung dieser Praktiken umzusetzen.

Darüber hinaus ist es wichtig zu beachten, dass zentralisierte Kryptowährungsbörsen, die den Kauf und Verkauf von Kryptowährungen ermöglichen, auch die Privatsphäre der Benutzer gefährden können. Diese Börsen müssen sich an Geldwäsche- und Betrugsbekämpfungsgesetze halten, was bedeutet, dass sie oft personenbezogene Informationen ihrer Benutzer sammeln müssen, wie zum Beispiel Identitätsnachweise und Bankauszüge.

Um die Privatsphäre der Kryptowährungsnutzer zu schützen, ist es wichtig, Kryptowährungsbörsen zu wählen, die die Privatsphäre respektieren, und sich auf Privatsphäre ausgerichteten Kryptowährungen zu konzentrieren. Benutzer können auch Offline-Kryptowallets oder Hardware-Wallets verwenden, um die Sicherheit zu erhöhen.

Regulatorische Herausforderungen und Interessenkonflikte

Regulatorische Herausforderungen und Interessenkonflikte stellen eine große Herausforderung für den Kryptowährungsmarkt dar. Die dezentralisierte und unregulierte Natur von Kryptowährungen wirft rechtliche und ethische Fragen auf, insbesondere in Bezug auf Geldwäsche, Terrorismusfinanzierung und Verbraucherschutz.

Auf der einen Seite versuchen Regulierungsbehörden, Investoren und Verbraucher zu schützen, indem sie Standards und Vorschriften für Kryptowährungstransaktionen etablieren. Auf der anderen Seite lehnen Befürworter von Kryptowährungen jede Form von Regulierung ab, die die Freiheit und Anonymität von Transaktionen einschränken könnte.

Interessenkonflikte können auch auftreten, wenn wichtige Marktakteure wie Börsen, Miner und Entwickler persönliche Interessen verfolgen, die nicht mit denen der Benutzer übereinstimmen. Zum Beispiel könnte eine Börsenplattform Preise manipulieren, um ihre eigenen Gewinne zu steigern, oder ein Entwickler könnte eine neue Kryptowährung einfach erstellen, um schnell reich zu werden.

Angesichts dieser Herausforderungen versuchen Regierungen und Regulierungsbehörden, ein Gleichgewicht zwischen dem Schutz der Verbraucher und der Verhinderung illegaler Aktivitäten einerseits und der Wahrung der Dezentralisierungsprinzipien und Meinungsfreiheit andererseits zu finden.

Viele Rechtsordnungen haben einen pragmatischen Ansatz gewählt, indem sie Kryptowährungen als Finanzvermögen anerkennen und Regeln für Kryptowährungstransaktionen festlegen. Andere haben jedoch Kryptowährungen verboten oder stark reguliert, was ihre Akzeptanz und Verwendung einschränken kann.

Es ist wichtig, dass Investoren und Kryptowährungsnutzer sich der regulatorischen Herausforderungen und Interessenkonflikte bewusst sind, um fundierte Entscheidungen zu treffen und ihre Investitionen zu schützen. Verantwortliche Transparenz und Regulierung können das Vertrauen in den Kryptowährungsmarkt stärken und ihre zukünftige Verbreitung fördern.

Kryptowährungen als Instrument der Geldpolitik

Kryptowährungen haben ein interessantes Potenzial als Instrument der Geldpolitik. Im Gegensatz zu traditionellen Währungen, die von Zentralbanken unter staatlicher Kontrolle ausgegeben werden, werden Kryptowährungen dezentralisiert und ihr Angebot wird durch mathematische Algorithmen reguliert. Dies bedeutet, dass sie Vorteile wie Transparenz, Sicherheit und Effizienz bieten können, während sie den oft politisch und wirtschaftlich beeinflussten geldpolitischen Maßnahmen der Regierungen entgehen.

Die Verwendung von Kryptowährungen als Instrument der Geldpolitik kann auf verschiedene Arten in Betracht gezogen werden. Erstens können Kryptowährungen als Alternative zu traditionellen Währungen verwendet werden, indem sie Individuen und Unternehmen eine Alternative zu von Regierungen regulierten Fiatwährungen bieten. Darüber hinaus können Regierungen Kryptowährungen als Mittel zur Regulierung der Wirtschaft nutzen, indem sie das Angebot und die Nachfrage algorithmisch anpassen.

Beispielsweise könnte eine Regierung eine regulierte Kryptowährung in begrenzter Menge ausgeben, die zur Regulierung von Angebot und Nachfrage in der Wirtschaft verwendet würde. Wenn die Wirtschaft zu verlangsamen beginnt, könnte die Regierung das Angebot an Kryptowährung erhöhen, um das Wachstum zu fördern. Im Gegenteil, wenn die Wirtschaft überhitzt und die Inflation steigt, könnte die Regierung das Angebot an Kryptowährung reduzieren, um das Wachstum zu dämpfen.

Natürlich ist die Verwendung von Kryptowährungen als Instrument der Geldpolitik nicht ohne Risiken. Das Angebot und die Nachfrage von Kryptowährungen können von externen Faktoren wie Spekulation, Mark manipulation und globalen Ereignissen beeinflusst werden. Darüber hinaus kann es schwierig sein, die Verwendung von Kryptowährungen zu regulieren, was zu Sicherheitsproblemen und Betrug führen kann.

Dennoch könnte die Verwendung von Kryptowährungen als Instrument der Geldpolitik unter angemessener Regulierung und verantwortlichem Management erhebliche Vorteile bieten. Kryptowährungen könnten eine erhöhte Transparenz, betriebliche Effizienz, Kostenreduktion und Widerstandsfähigkeit gegenüber wirtschaftlichen Schocks bieten und eine Alternative zu regierungsgesteuerten

Fiatwährungen darstellen.

Die Umweltauswirkungen von Kryptowährungen

Der Energieverbrauch von Kryptowährungen

Der Energieverbrauch von Kryptowährungen wird immer mehr zu einer besorgniserregenden Umweltfrage. Das Mining von Kryptowährungen wie Bitcoin erfordert aufgrund des Transaktionsvalidierungsprozesses, der eine beträchtliche Rechenleistung erfordert, eine enorme Menge an Energie. Nach Schätzungen entspricht der jährliche Energieverbrauch des Bitcoin-Netzwerks dem eines kleinen Landes wie Argentinien.

Dieser hohe Energieverbrauch ist hauptsächlich auf den Proof-of-Work (PoW)-Mechanismus zurückzuführen, der von Bitcoin und anderen ähnlichen Kryptowährungen verwendet wird. Bei Bitcoin besteht der Validierungsprozess darin, komplexe mathematische Rätsel zu lösen, um einen neuen Transaktionsblock zu erstellen. Um dies zu erreichen, müssen Miner intensive Berechnungen mit leistungsstarken Computern durchführen, die viel Strom verbrauchen.

Es ist jedoch wichtig zu beachten, dass der Energieverbrauch je nach Kryptowährung und Validierungsmethode erheblich variieren kann. Kryptowährungen, die alternative Konsensmechanismen wie den Proof-of-Stake (PoS) verwenden, verbrauchen in der Regel weniger Energie als solche, die den Proof-of-Work nutzen.

Es ist auch wichtig zu betonen, dass Kryptowährungsminer zunehmend daran interessiert sind, erneuerbare Energiequellen zu nutzen, um ihre CO2-Bilanz zu reduzieren. Initiativen wie der Bitcoin Mining Council wurden ins Leben gerufen, um den Einsatz erneuerbarer Energiequellen im Kryptowährungsmining zu fördern.

Schließlich ist es wesentlich, den Energieverbrauch von Kryptowährungen im Vergleich zu anderen Sektoren der Weltwirtschaft in Perspektive zu setzen. Obwohl der Energieverbrauch von Bitcoin hoch ist, liegt er immer noch weit unter dem der traditionellen Banken- und Goldindustrie. Es ist daher wichtig, Kryptowährungen nicht zu dämonisieren, sondern Lösungen zur Reduzierung ihrer Umweltauswirkungen zu suchen und gleichzeitig ihr wirtschaftliches und technologisches Potenzial anzuerkennen.

Lösungen für ökologischeres Mining

Das Mining von Kryptowährungen steht oft wegen seiner Umweltauswirkungen in der Kritik. Insbesondere das Bitcoin-Mining erfordert aufgrund des hohen Stromverbrauchs eine große Menge an Elektrizität und emittiert somit eine erhebliche Menge an Treibhausgasen. Es gibt jedoch Lösungsansätze, um das Mining von Kryptowährungen ökologischer zu gestalten.

Erstens können erneuerbare Energien zur Stromversorgung von Mining-Farmen eingesetzt werden. Erneuerbare Energiequellen wie Solarenergie, Windenergie oder

Wasserkraft werden immer zugänglicher und sind eine nachhaltigere Alternative zu fossilen Brennstoffen. Kryptowährungs-Mining-Unternehmen können daher in Anlagen investieren, die solche Energiequellen nutzen, um ihre Umweltauswirkungen zu reduzieren.

Eine weitere Lösung besteht darin, die Energieeffizienz der Mining-Ausrüstung zu verbessern. Unternehmen können effizientere Geräte einsetzen, um den Stromverbrauch beim Mining zu reduzieren. Die Hersteller von Mining-Ausrüstung können auch umweltfreundlichere Produkte entwickeln, indem sie Komponenten mit geringerem Energieverbrauch verwenden und die Kühlungsprozesse optimieren.

Schließlich kann der Wechsel zu nachhaltigeren Konsensprotokollen dazu beitragen, die Umweltauswirkungen des Kryptowährungs- Minings zu verringern. Proof-of-Work Konsensprotokolle, wie sie von Bitcoin verwendet werden, sind äußerst energieintensiv. Proof-of-Stake-Protokolle wie sie von Kryptowährungen wie Ethereum verwendet werden, verbrauchen wesentlich weniger Energie und sind daher ökologischer. Weitere nachhaltige Alternativen sind Protokolle wie Proof-of-Stake, Proof-of-Authority und Proof-of-Capacity.

Initiativen für eine nachhaltige Blockchain

Umweltbedenken sind zu einem heißen Thema im Bereich der Kryptowährungen geworden. Der Energieverbrauch für das Mining und die Transaktionsvalidierung auf der Blockchain steigt stetig an, was Bedenken hinsichtlich der Umweltauswirkungen aufwirft.

Es gibt jedoch viele Initiativen, um die Blockchain nachhaltiger und umweltfreundlicher zu gestalten.

Eine dieser Initiativen besteht darin, den Einsatz erneuerbarer Energien für das Mining von Kryptowährungen zu fördern. Derzeit nutzen Miner hauptsächlich Strom aus fossilen Brennstoffen, was zu Treibhausgasemissionen führt. Durch den Wechsel zu Solarenergie, Windenergie oder Wasserkraft könnten Miner ihren CO_2-Fußabdruck erheblich reduzieren.

Darüber hinaus sind alternative Konsensprotokolle eine Lösung zur Verringerung des Energieverbrauchs von Kryptowährungen. Der Proof-of-Stake ist beispielsweise ein Konsensmechanismus, der kein Mining erfordert und daher viel energieeffizienter ist als der Proof-of-Work.

Es entstehen auch Blockchain-Lösungen mit geringem Energieverbrauch, insbesondere im Bereich der Zahlungstransaktionen. Die Kryptowährung Nano verwendet beispielsweise ein Konsensprotokoll namens Open Representative Voting (ORV), das keinen intensiven Rechenaufwand und keinen hohen Energieverbrauch erfordert.

Schließlich wird auch darüber nachgedacht, die bei der Kryptowährungs-Mining erzeugte Wärme für andere Zwecke zu nutzen. Rechenzentren für Kryptowährungen erzeugen eine beträchtliche Menge an Wärme, die zur Beheizung von Gebäuden oder industriellen Prozessen genutzt werden könnte. Dadurch ließe sich der Energieverbrauch und die Treibhausgasemissionen verringern.

Trends und Zukunft der Kryptowährungen

Künftige technologische Innovationen

Die künftigen technologischen Innovationen im Bereich der Kryptowährungen sind zahlreich und faszinierend. Es werden neue Fortschritte entwickelt, um die Leistungsfähigkeit bestehender Blockchain-Netzwerke zu verbessern, die Sicherheit und Vertraulichkeit von Transaktionen zu erhöhen und den Anwendungsbereich von Kryptowährungen auf neue Branchen auszudehnen.

Eine der vielversprechendsten Entwicklungen ist die Einführung von Smart Contracts, die die Ausführung von Programmen auf der Blockchain ermöglichen. Smart Contracts ermöglichen die Umsetzung automatisierter Verträge zwischen Parteien, ohne dass ein Vertrauensdritter wie ein Notar oder Anwalt erforderlich ist. Diese Technologie könnte in Bereichen wie Versicherungen, Finanzen, Immobilien und Personalwesen praktische Anwendungen haben.

Eine weitere bedeutende Innovation ist der Einsatz von Proof of Stake (PoS) zur Validierung von Transaktionen auf der Blockchain. Im Gegensatz zu Proof of Work, das von Bitcoin und anderen Kryptowährungen verwendet wird, erfordert Proof of Stake keine großen Mengen an Energie, um komplexe mathematische Probleme zu lösen und Transaktionen zu validieren. Dadurch könnte der ökologische Fußabdruck der Kryptowährung erheblich reduziert und die

Leistungsfähigkeit der Netzwerke verbessert werden.

Die Vertraulichkeit von Transaktionen ist ebenfalls ein aktives Forschungsfeld in der Welt der Kryptowährung. Kryptowährungen wie Monero und Zcash verwenden bereits fortschrittliche Verschlüsselungsalgorithmen, um die Identität der Benutzer zu verschleiern und Transaktionen anonym zu machen. Weitere Verbesserungen könnten Benutzern ermöglichen, die Vertraulichkeit ihrer Transaktionen noch feiner zu steuern, ohne die Netzwerksicherheit zu beeinträchtigen.

Schließlich ist die Interoperabilität zwischen den verschiedenen Blockchains ein weiterer wichtiger technologischer Fortschritt für die Entwicklung von Kryptowährungen. Derzeit arbeitet jede Blockchain autonom und kann nicht einfach mit anderen Blockchains kommunizieren. Projekte wie Cosmos und Polkadot zielen darauf ab, Brücken zwischen den verschiedenen Blockchains zu schaffen, um Benutzern den Austausch von Kryptowährungen und Vermögenswerten zwischen den verschiedenen Ketten zu ermöglichen.

Entwicklung des Regulierungsumfelds

Die Entwicklung des Regulierungsumfelds für Kryptowährungen war in den letzten Jahren eines der wichtigsten Themen. Regierungen weltweit haben versucht, Kryptowährungen besser zu verstehen und ihre Nutzung zu regulieren.

In einigen Ländern war die Regulierung relativ locker, während sie in anderen restriktiver war. Im Allgemeinen versuchen Regierungen ein Gleichgewicht zwischen dem Schutz der Investoren und der Förderung von Innovationen zu finden.

In den USA hat die Securities and Exchange Commission (SEC) eine Schlüsselrolle bei der Regulierung von Kryptowährungen gespielt. Im Jahr 2019 veröffentlichte die SEC Richtlinien, wie Unternehmen digitale Token behandeln sollten. Unternehmen müssen nun nachweisen, dass ihre Token Vermögenswerte und keine Wertpapiere sind, andernfalls müssen sie den für Wertpapiere geltenden Regeln entsprechen.

In Europa ist die Situation komplexer, da jeder EU-Mitgliedstaat eigene Vorschriften hat. Die Europäische Kommission hat jedoch im September 2020 einen europäischen Regulierungsrahmen für Krypto-Assets vorgeschlagen, der Anforderungen an Transparenz, Anlegerschutz und Anti-Geldwäsche-Maßnahmen umfasst.

Auch das Regulierungsumfeld in Asien ist komplex. China verbot 2017 ICOs und hat die gesamte Kryptowährungsindustrie 2021 weiterhin verboten. Japan hat hingegen strenge Vorschriften eingeführt, um den Handel mit Kryptowährungen zu regulieren.

Insgesamt befindet sich das Regulierungsumfeld für Kryptowährungen in ständigem Wandel. Regierungen suchen nach einem Gleichgewicht zwischen der Förderung von Innovationen und dem Schutz der Investoren. Investoren und

Nutzer von Kryptowährungen müssen sich der geltenden Regulierungsvorschriften in ihrem Land bewusst sein und diese einhalten.

Die Akzeptanz von Kryptowährungen durch Institutionen und Unternehmen

Die Akzeptanz von Kryptowährungen durch Institutionen und Unternehmen ist ein sich ständig weiterentwickelndes Phänomen. Seit den Anfängen von Bitcoin haben viele Unternehmen Interesse an Kryptowährungen und der zugrunde liegenden Blockchain-Technologie gezeigt. Dies hat zu einer Vielzahl von Anwendungen geführt, von der einfachen Aufbewahrung von Kryptowährungen bis hin zur Nutzung der Blockchain zur Verbesserung von Geschäftsprozessen.

Auch große Finanzinstitute haben begonnen, Kryptowährungen in ihre Geschäftstätigkeit zu integrieren. Investmentbanken bieten beispielsweise Kryptowährungshandelsdienstleistungen für ihre institutionellen Kunden an. Einige Unternehmen akzeptieren sogar Zahlungen in Kryptowährungen von ihren Kunden.

Die Akzeptanz von Kryptowährungen durch Unternehmen wurde durch mehrere Faktoren begünstigt. Erstens bietet die Blockchain-Technologie ein hohes Maß an Sicherheit und Transparenz, was für Finanztransaktionen besonders wichtig sein kann. Darüber hinaus können Kryptowährungen Kostenvorteile bieten, indem sie Transaktionsgebühren und Zahlungsabwicklungskosten reduzieren.

Kryptowährungen können Unternehmen auch helfen, ihren Kundenstamm zu erweitern, indem sie eine alternative Zahlungsoption für diejenigen anbieten, die kein Bankkonto oder keine Kreditkarte besitzen. Kryptowährungen können auch internationale Transaktionen erleichtern, indem sie Wechselgebühren vermeiden und den Transfer von Geldern beschleunigen.

Die Akzeptanz von Kryptowährungen durch Unternehmen kann jedoch auch Herausforderungen mit sich bringen. Die starken Wertschwankungen von Kryptowährungen können Transaktionen instabil und unvorhersehbar machen. Unternehmen müssen auch die mit der Aufbewahrung von Kryptowährungen verbundenen Risiken, wie Diebstahl und Hacking, beachten.

Trotz dieser Herausforderungen nimmt die Akzeptanz von Kryptowährungen durch Institutionen und Unternehmen stetig zu. Unternehmen, die sich modernisieren und wettbewerbsfähig bleiben wollen, müssen sich dieses Trends bewusst sein und die Möglichkeiten, die sich durch die Blockchain-Technologie und Kryptowährungen bieten, erkunden.

Ausblick auf die Marktentwicklung

Kryptowährungen haben seit ihrer Entstehung ein enormes Wachstum erlebt, und ihre Beliebtheit nimmt weiter zu. Der Ausblick auf die Entwicklung des Kryptowährungsmarktes ist vielversprechend und bietet viele Chancen für Investoren, Unternehmen und Einzelpersonen.

Zunächst wird die Akzeptanz von Kryptowährungen durch Finanzinstitute und Unternehmen in den kommenden Jahren weiter zunehmen. Immer mehr Unternehmen integrieren Kryptowährungen in ihr Geschäftsmodell, indem sie Zahlungen in Kryptowährungen akzeptieren oder in digitale Vermögenswerte investieren. Große Banken und Finanzinstitute haben ebenfalls begonnen, die Möglichkeiten von Kryptowährungen zu erkunden, indem sie Handels- und Verwahrdienstleistungen anbieten.

Dann sollte eine verbesserte Regulierung dazu beitragen, die Legitimität von Kryptowährungen zu stärken und eine größere Anzahl institutioneller Investoren anzuziehen. Regulierungsbehörden auf der ganzen Welt arbeiten an der Schaffung eines klaren Regulierungsrahmens für Kryptowährungen, was es Investoren ermöglichen sollte, sich sicherer zu fühlen und die mit Kryptowährungen verbundenen Risiken besser zu verstehen.

Darüber hinaus entwickelt sich die zugrunde liegende Technologie der Kryptowährungen, die Blockchain, weiter und verbessert sich. Verbesserungen der Blockchain werden dazu beitragen, einige der aktuellen Probleme von Kryptowährungen wie Skalierbarkeit und Sicherheit zu lösen. Es laufen auch Forschungsprojekte zur Entwicklung schnellerer und effizienterer Blockchains sowie robusterer Konsensprotokolle.

Schließlich ist die dezentrale Finanzierung (DeFi) ein wachsender Trend in der Kryptowährungsbranche. DeFi ermöglicht es Benutzern, an dezentralen Finanzdienstleistungen wie Kreditvergabe und Handel

ohne Zwischenhändler teilzunehmen. DeFi verändert
die Finanzbranche und wird in den kommenden Jahren
voraussichtlich weiter wachsen.

Schlussfolgerung und Empfehlungen

Wichtige Lehren

Es gibt zahlreiche wichtige Lehren, die man über Kryptowährungen beachten sollte. Zunächst einmal ist es wichtig zu verstehen, dass Kryptowährungen eine revolutionäre Technologie darstellen, die potenziell die Art und Weise verändern kann, wie wir Finanztransaktionen durchführen. Die Blockchain-Technologie, auf der Kryptowährungen basieren, ermöglicht eine dezentralisierte und transparente Verwaltung von Transaktionen und bietet somit eine Alternative zur Nutzung von vertrauenswürdigen Dritten wie Banken.

Was die verschiedenen Kryptowährungen betrifft, ist es entscheidend, die Spezifikationen jeder Einzelnen zu verstehen, da sie unterschiedliche Ziele, Sicherheitsprotokolle und Volatilitätsniveaus haben können. Beispielsweise wird Bitcoin oft als digitale Wertreserve angesehen, während Ethereum die erste Entwicklungsplattform für dezentralisierte Anwendungen ist.

Sicherheit spielt ebenfalls eine entscheidende Rolle bei Kryptowährungen, da sie oft das Ziel von Cyberangriffen sind. Daher ist es wichtig, die verschiedenen Sicherheitsmechanismen wie Kryptographie, Konsensprotokolle und sichere Wallets zu verstehen.

Investoren müssen auch die mit der Investition in Kryptowährungen verbundenen Risiken wie Preisvolatilität und regulatorische Risiken beachten. Eine gute Kenntnis von Anlagestrategien, Fundamentalanalyse, technischer Analyse und Portfoliomanagement ist daher unerlässlich.

Schließlich haben Kryptowährungen einen potenziellen Einfluss auf die globale Wirtschaft sowie soziale und geopolitische Fragen. Sie könnten beispielsweise einen potenziell gerechteren Zugang zu Finanzdienstleistungen in Entwicklungsländern ermöglichen, aber auch Interessenkonflikte und regulatorische Herausforderungen mit sich bringen.

Best Practices für den Umgang mit Kryptowährungen

Um im Bereich der Kryptowährungen erfolgreich zu sein, ist es wichtig, einige bewährte Praktiken zu beachten. Zunächst einmal ist es entscheidend, sich regelmäßig über die neuesten Nachrichten und Markttrends zu informieren, indem man zuverlässige und vielfältige Quellen wie Fachblogs, Community-Foren, wissenschaftliche Veröffentlichungen und Forschungsberichte konsultiert.

Des Weiteren empfiehlt es sich, sich mit den grundlegenden Prinzipien der Blockchain-Technologie, Konsensmechanismen und Sicherheitsprotokollen, die mit verschiedenen Kryptowährungen verbunden sind, vertraut zu machen. Dadurch wird ein besseres Verständnis für die mit Investitionen und Portfoliomanagement verbundenen Risiken und Vorteile geschaffen.

Es ist auch wichtig, Krypto-Börsen und Aufbewahrungsdienste sorgfältig auszuwählen und solche mit nachgewiesener Sicherheit und Zuverlässigkeit zu bevorzugen. Es wird empfohlen, Kryptowährungen nicht nur auf einer einzigen Plattform oder in einer einzigen elektronischen Wallet zu speichern, sondern sie auf mehrere verschiedene Adressen zu verteilen.

Was das Portfoliomanagement betrifft, ist es ratsam, eine langfristige Investitionsstrategie zu verfolgen und das Portfolio entsprechend den Zielen und dem Risikoprofil zu diversifizieren. Es wird auch empfohlen, nicht mehr zu investieren, als man sich leisten kann zu verlieren, und bei Marktschwankungen keine Panik zu bekommen.

Schließlich ist es wichtig, sich an die lokalen Vorschriften für Kryptowährungen zu halten und Gewinne oder Verluste den zuständigen Steuerbehörden zu melden. Es wird auch empfohlen, sich über Betrugs- und Betrugsrisiken zu informieren und private Schlüssel oder persönliche Informationen niemals an unzuverlässige Dritte weiterzugeben.

Ausblick auf die Zukunft der Kryptowährungen

Die Aussichten für Kryptowährungen in der Zukunft sind sehr vielversprechend. Durch technologische Fortschritte im Bereich der Blockchain und die zunehmende Akzeptanz von Kryptowährungen durch Unternehmen und Einzelpersonen eröffnen sich viele Chancen und ein kontinuierliches Wachstum des Marktes.

Zunächst werden Kryptowährungen weiterhin weiterentwickelt und diversifiziert. Neue Kryptowährungen werden entstehen, die spezifische Funktionen und Vorteile bieten, um den Bedürfnissen der Benutzer gerecht zu werden. Die Konsensprotokolle werden sich ebenfalls weiterentwickeln und neue Alternativen zur Verbesserung der Sicherheit, Effizienz und Dezentralisierung von Netzwerken bieten.

Darüber hinaus wächst das dezentrale Finanzwesen (DeFi) stark und wird in den kommenden Jahren weiterhin starkes Wachstum verzeichnen. DeFi-Protokolle ermöglichen Benutzern den Zugang zu dezentralen Finanzdienstleistungen wie Krediten, Börsen und Investitionen, ohne auf traditionelle Mittler angewiesen zu sein. DeFi bietet eine interessante Alternative zu herkömmlichen Finanzdienstleistungen und bietet Vorteile wie geringere Kosten, erhöhte Zugänglichkeit und größere Transparenz.

Nicht-fungible Token (NFT) sind ebenfalls ein aufstrebender Bereich. NFT ermöglichen die Erstellung und Verwaltung einzigartiger digitaler Vermögenswerte wie Kunstwerke, Videos und Spiele. NFT bieten neue Möglichkeiten für Künstler, Schöpfer und Spieleentwickler, einzigartige digitale Vermögenswerte zu schaffen und auf dem Markt zu verkaufen.

Was die Anwendungsfälle betrifft, haben Kryptowährungen das Potenzial, viele Bereiche zu transformieren. Finanztransaktionen und Geldtransfers können durch den

Einsatz von Kryptowährungen vereinfacht und beschleunigt werden. Kryptowährungen können auch in Bereichen wie Immobilien, Gesundheitswesen und öffentlichen Dienstleistungen Vorteile bieten.

Schließlich wird die Regulierung von Kryptowährungen in vielen Ländern verstärkt, was das Vertrauen der Investoren stärken und die Akzeptanz von Kryptowährungen fördern soll. Die Regulierung muss jedoch ausgewogen sein, um Innovation und Marktwachstum nicht zu behindern.

Danksagung

Zunächst möchte ich mich bei allen Lesern bedanken, die sich die Zeit genommen haben, durch dieses Buch in die faszinierende Welt der Kryptowährungen einzutauchen. Dank Ihnen bekommt diese Arbeit ihren eigentlichen Sinn. Ihre Neugier und Ihr Interesse an diesem Thema sind der Grund für dieses Buch, und ich hoffe, es hat Ihnen geholfen, die Herausforderungen und Chancen der Kryptowährungsrevolution besser zu verstehen.

Ich möchte auch allen Experten, Forschern und Enthusiasten aus der Welt der Kryptowährungen danken, ohne die dieses Buch nicht möglich gewesen wäre. Ihre harte Arbeit und ihre Entdeckungen haben nicht nur die Branche geprägt, sondern haben dieses Thema auch für jedermann zugänglich und spannend gemacht. Ich habe viele Quellen studiert und verglichen, um die in diesem Buch präsentierten Argumente zu stützen und Ihnen eine klare und präzise Sicht auf dieses sich ständig weiterentwickelnde Ökosystem zu bieten.

Indem ich Sie durch die Seiten dieses Buches geführt
habe, habe ich versucht, Sie auf eine Reise in die Welt der
Kryptowährungen mitzunehmen und Ihnen ein bereicherndes
und aufregendes Leseerlebnis zu bieten.

Dieses Buch ist das Ergebnis meiner Leidenschaft für
Kryptowährungen und meinem Wunsch, dieses Wissen mit
Ihnen zu teilen. Ich hoffe, dass Sie durch diese Seiten diese
Leidenschaft spüren konnten und dass es Sie dazu inspiriert
hat, Ihre Kenntnisse zu diesem Thema weiter zu vertiefen.

Kryptowährungen sind eine Revolution, die unsere Welt in
atemberaubendem Tempo verändert, und es ist wichtig, die
damit verbundenen Herausforderungen und Chancen zu
verstehen.

Abschließend lade ich Sie ein, die Welt der Kryptowährungen
weiter zu erkunden und die Innovationen und Entwicklungen,
die sie prägen, genau im Auge zu behalten. Dieses Buch ist
nur der Anfang Ihrer Reise in dieses faszinierende Universum,
und ich hoffe, es hat Ihnen die Schlüssel gegeben, um ein
echter Experte auf diesem Gebiet zu werden.

Nochmals vielen Dank für Ihr Lesen und Ihr Interesse.
Möge Ihre Reise in die Welt der Kryptowährungen voller
Entdeckungen und Chancen sein!

Mit freundlichen Grüßen,